Magia de Hadas

LIBRO DE COLOREAR

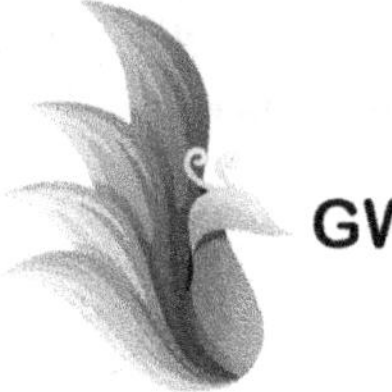

GWYMBELL TRACY

¿Tiene usted alguna pregunta? Haznos saber.
gwymbelltracy@gmail.com

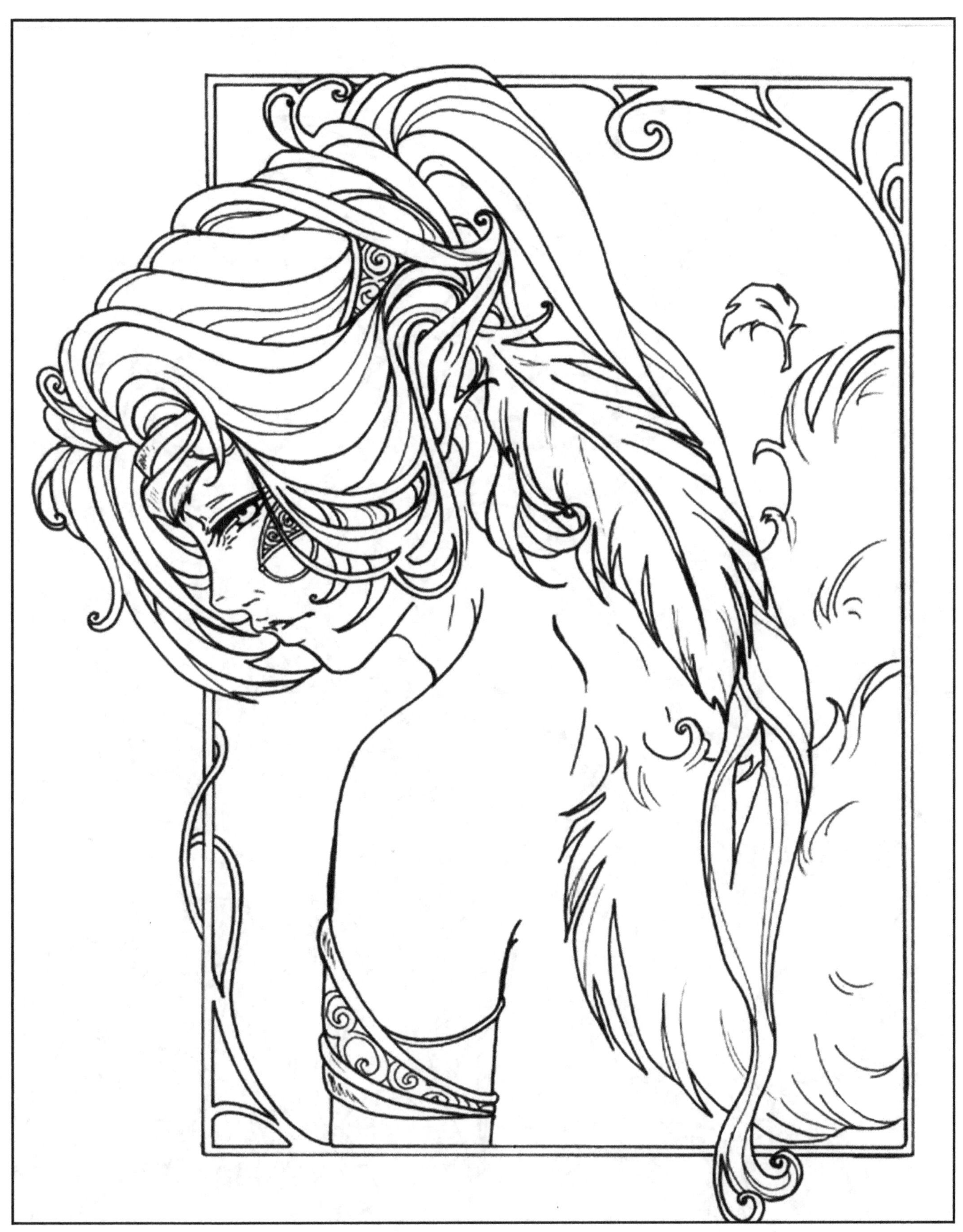

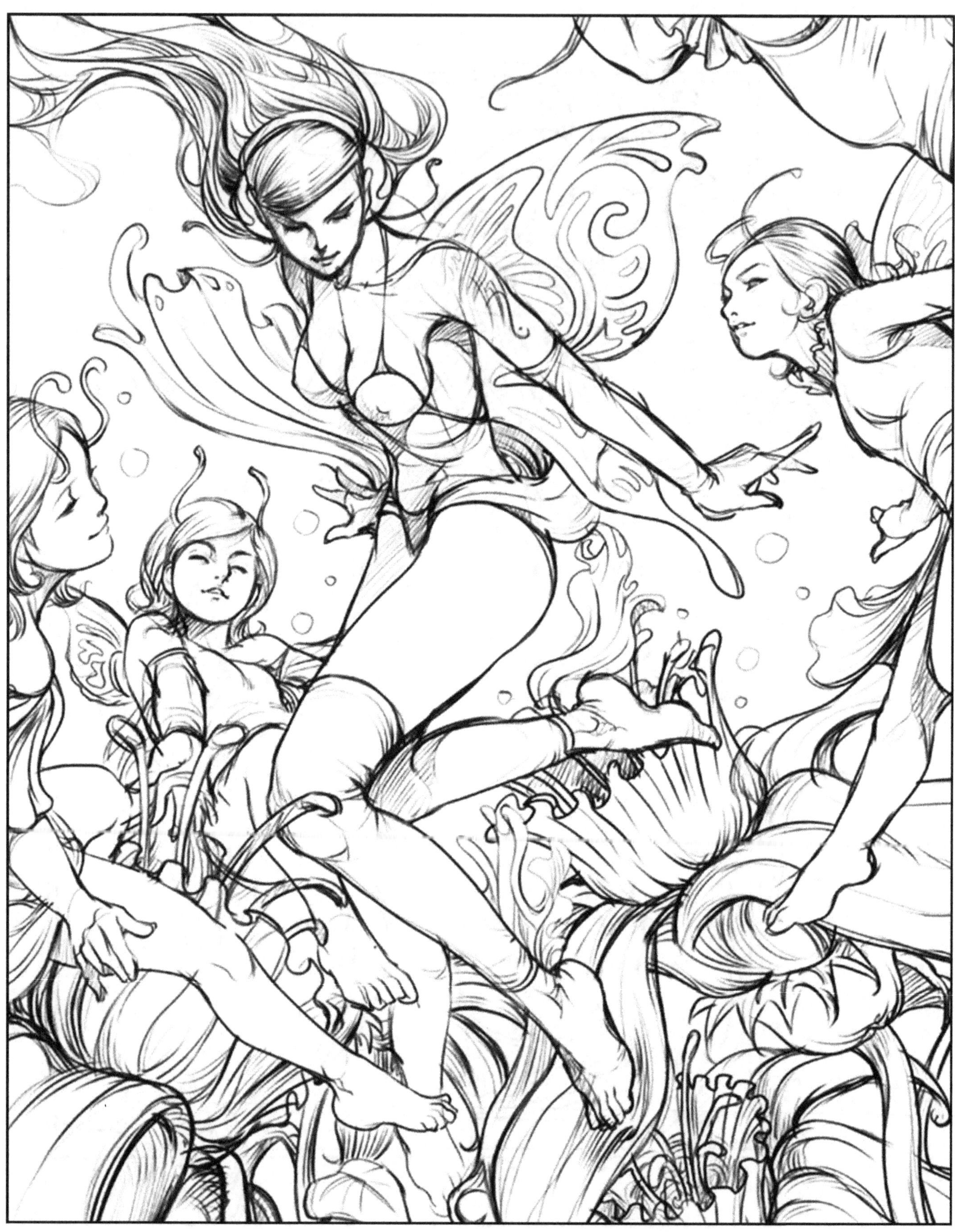

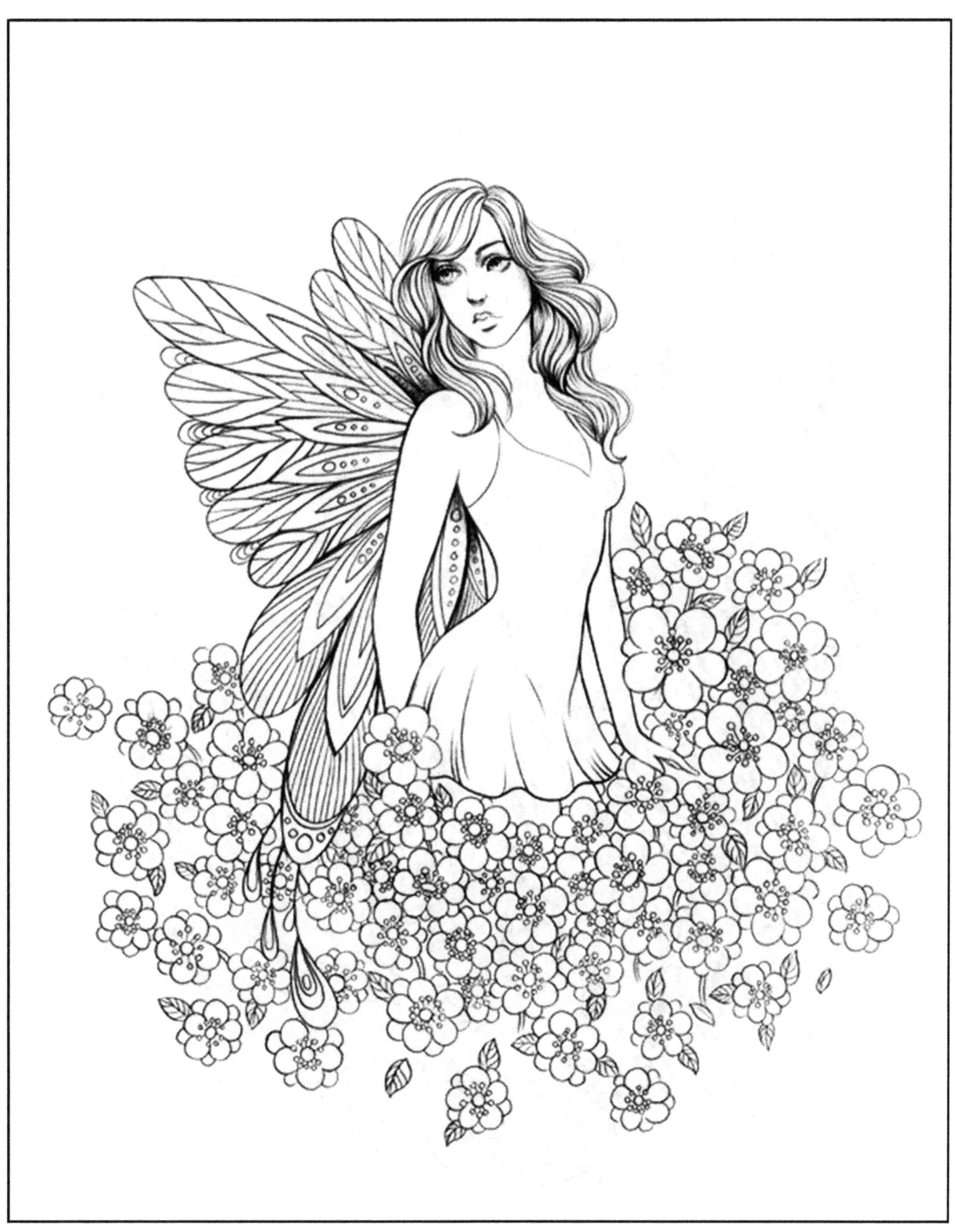

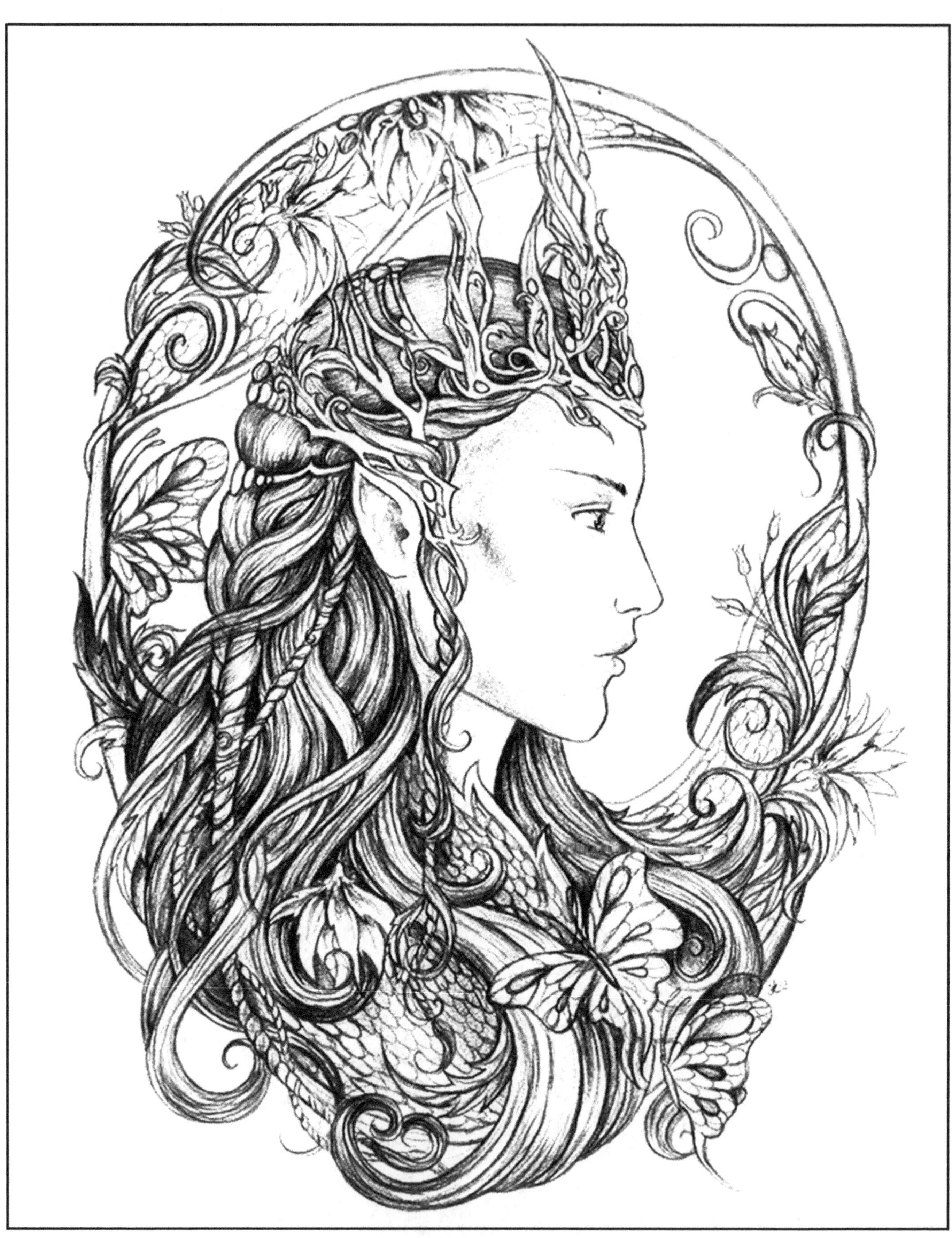

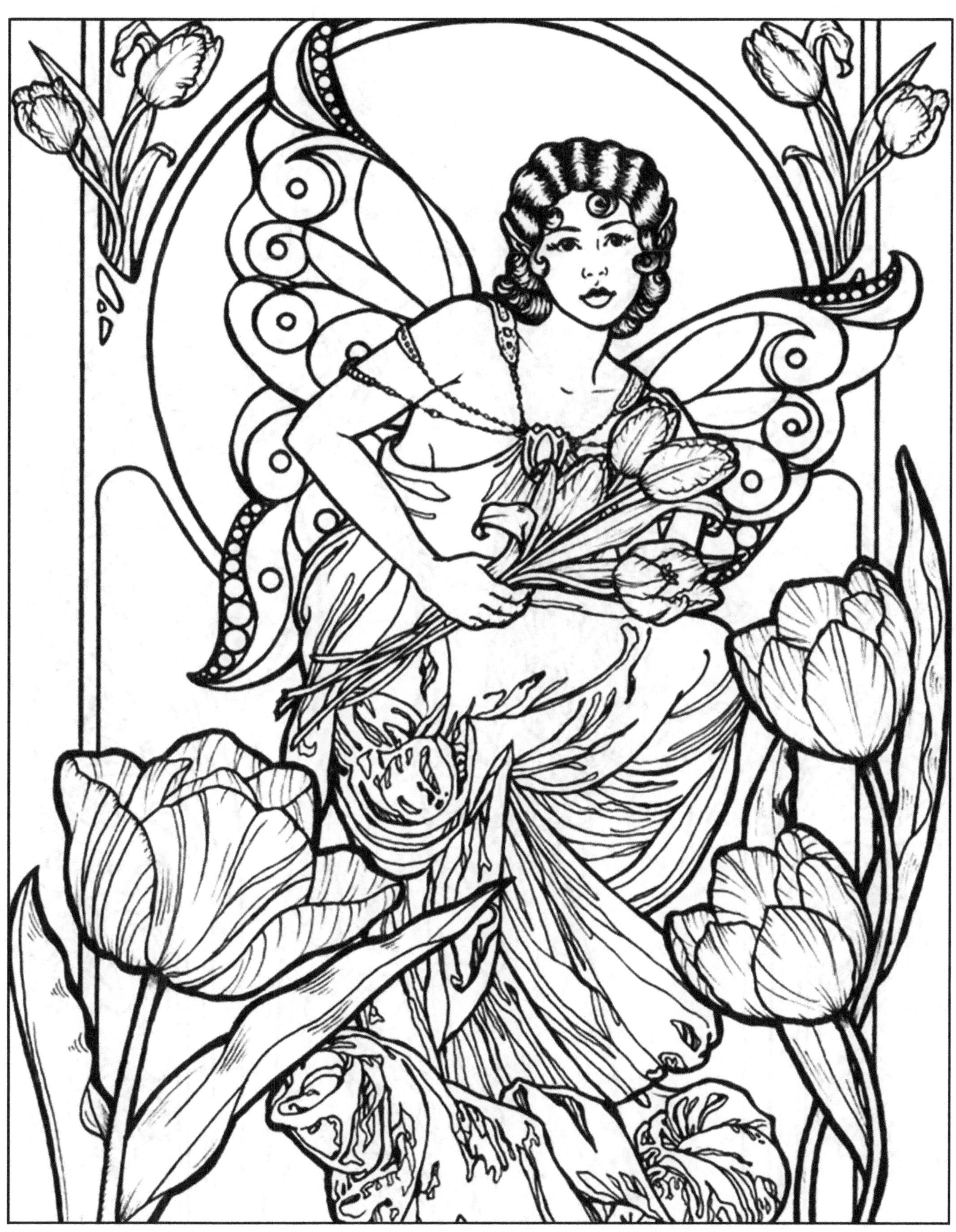

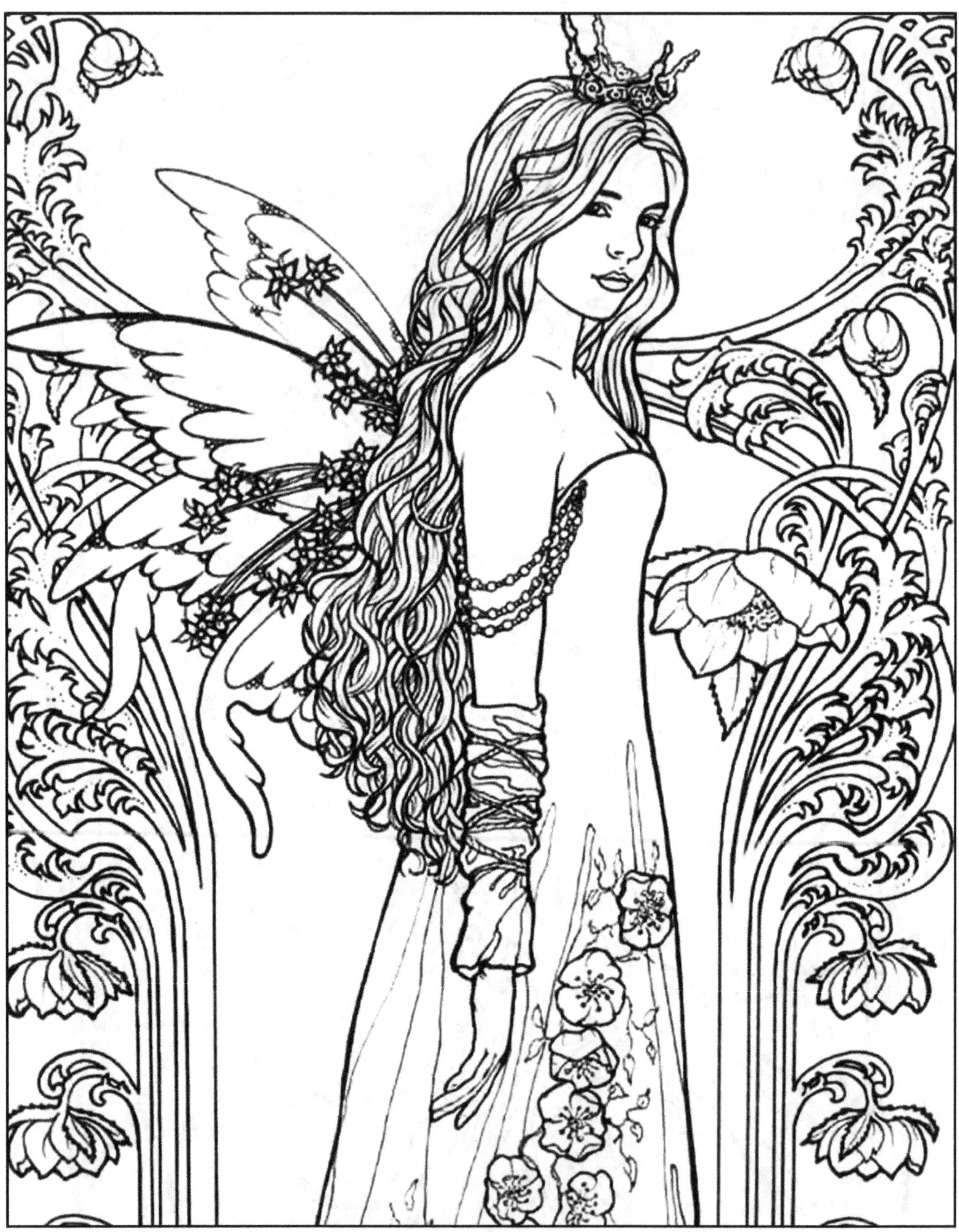

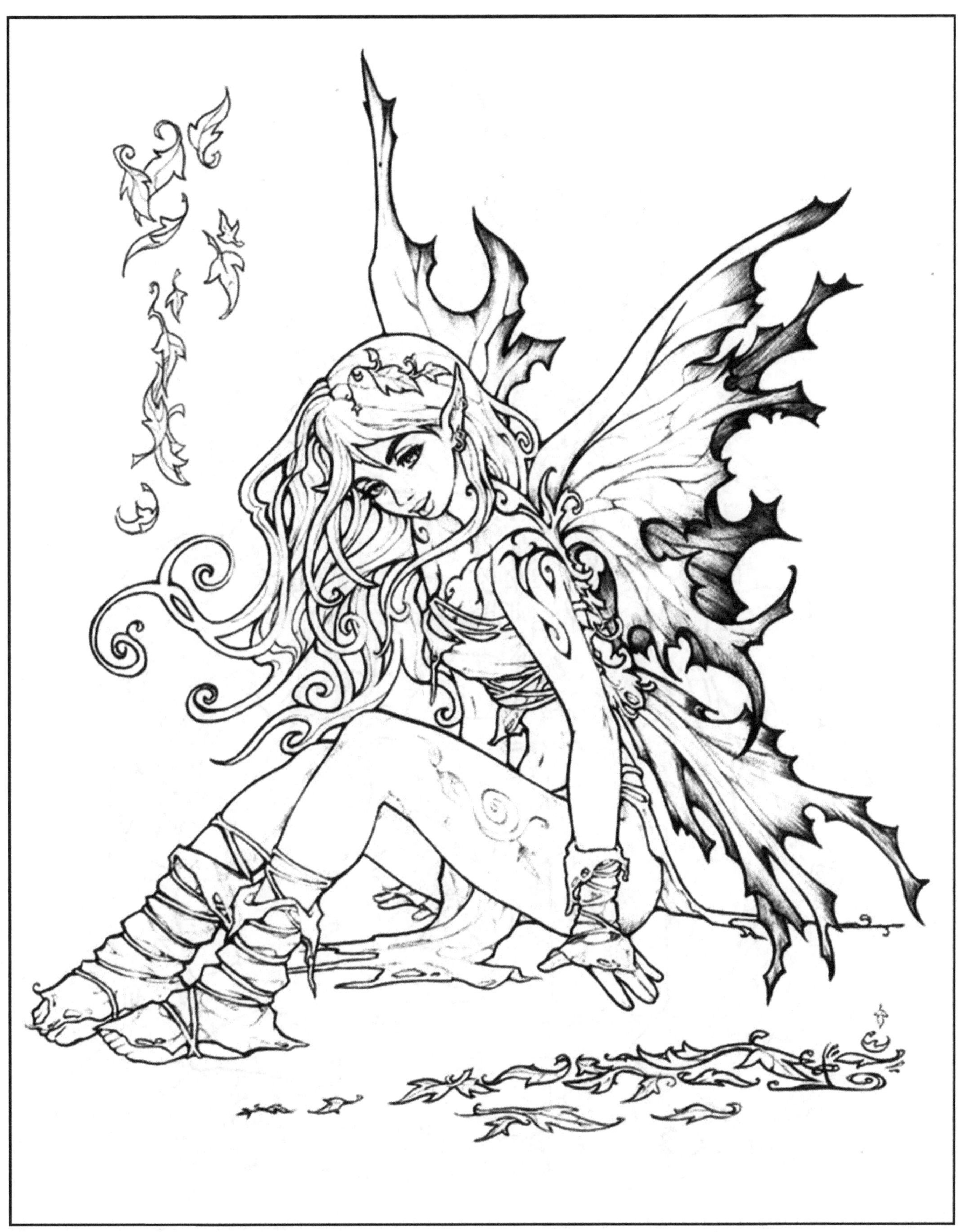

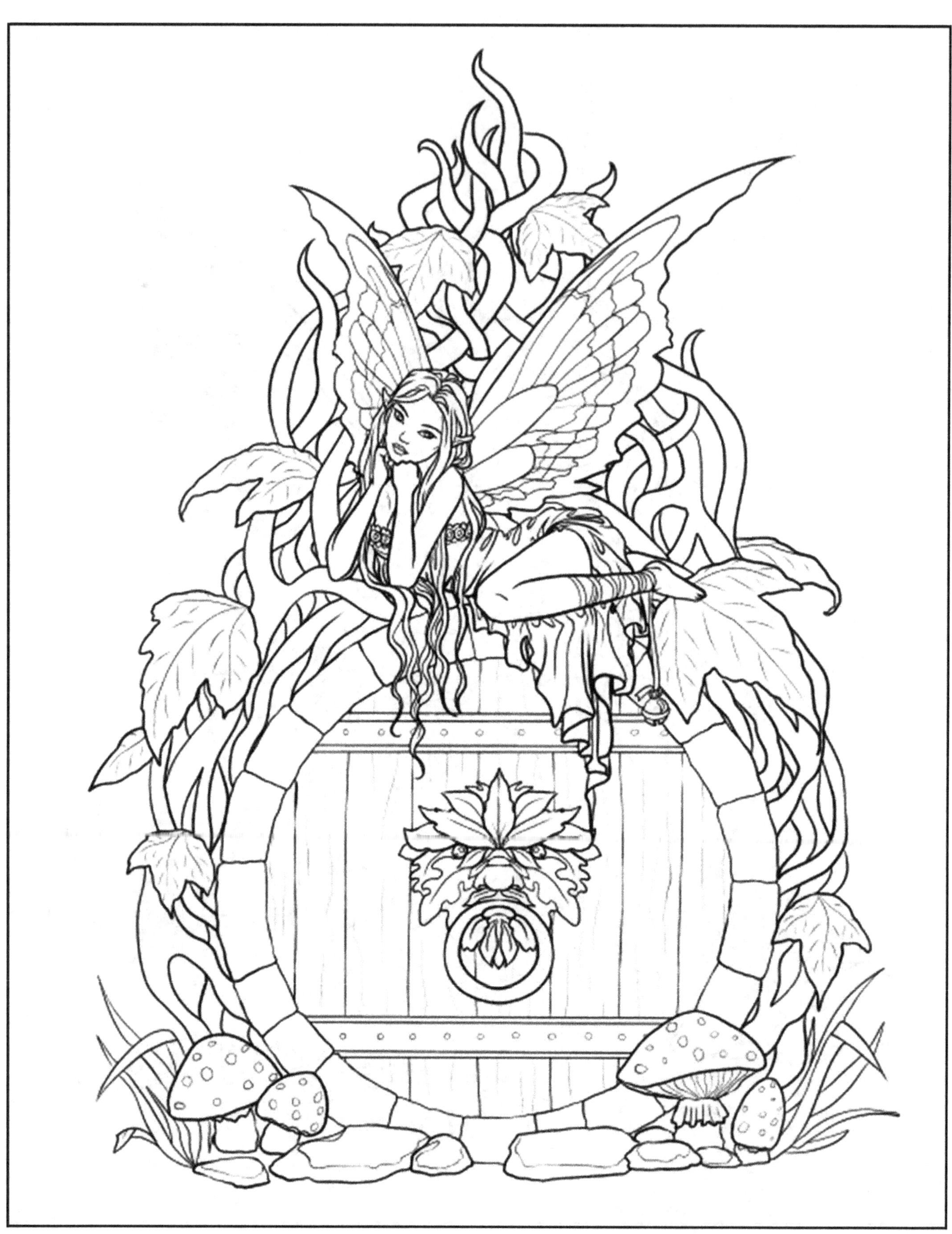

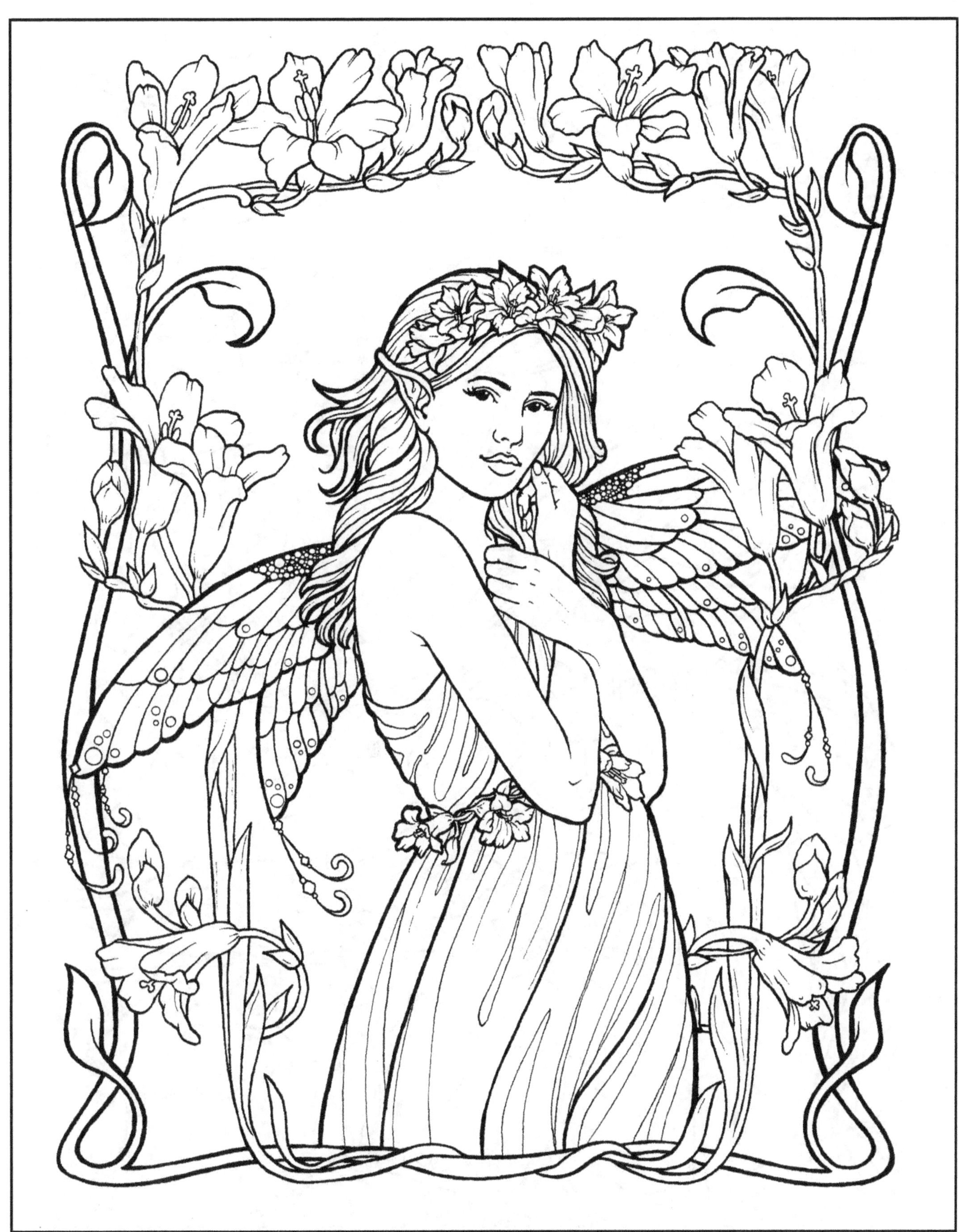

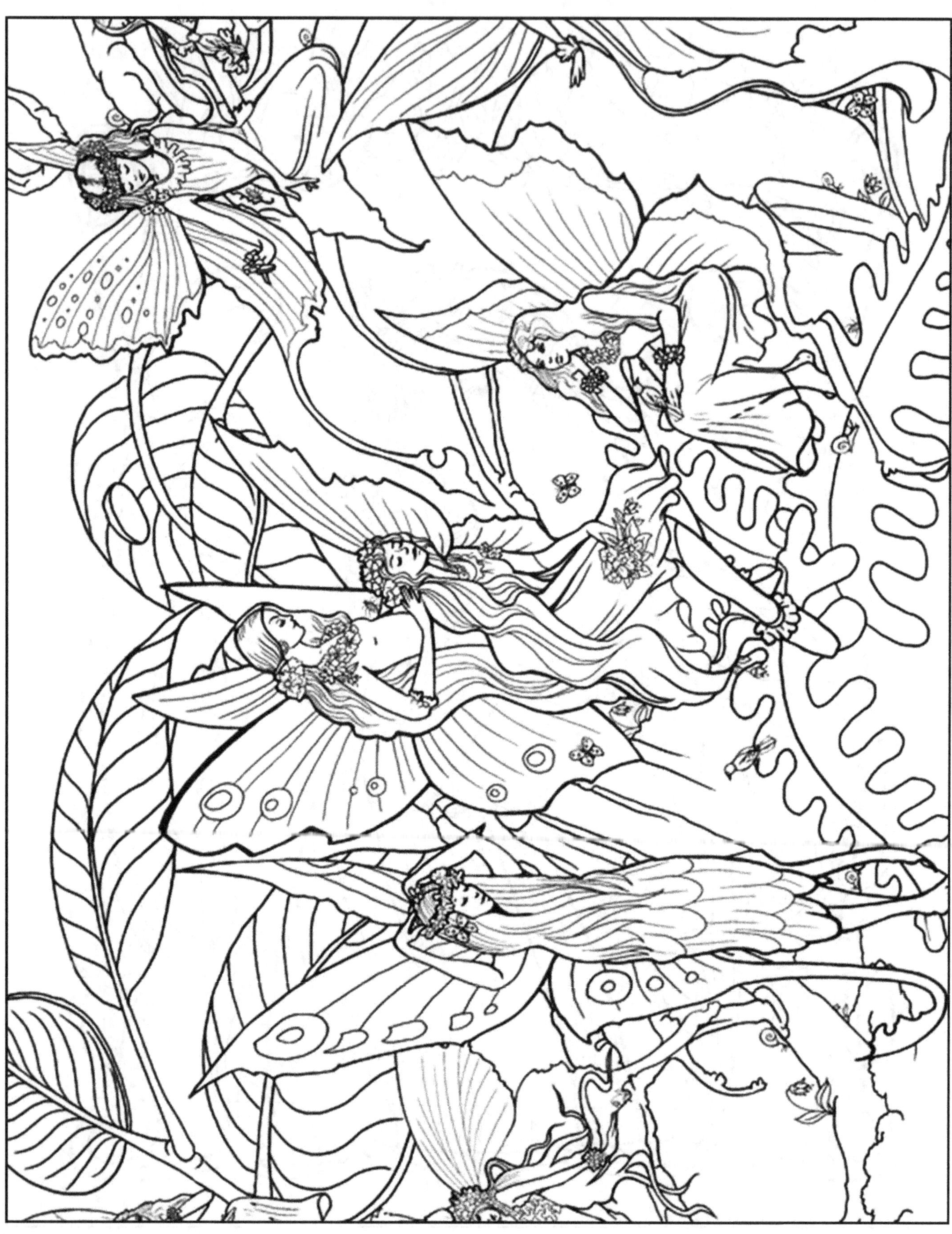

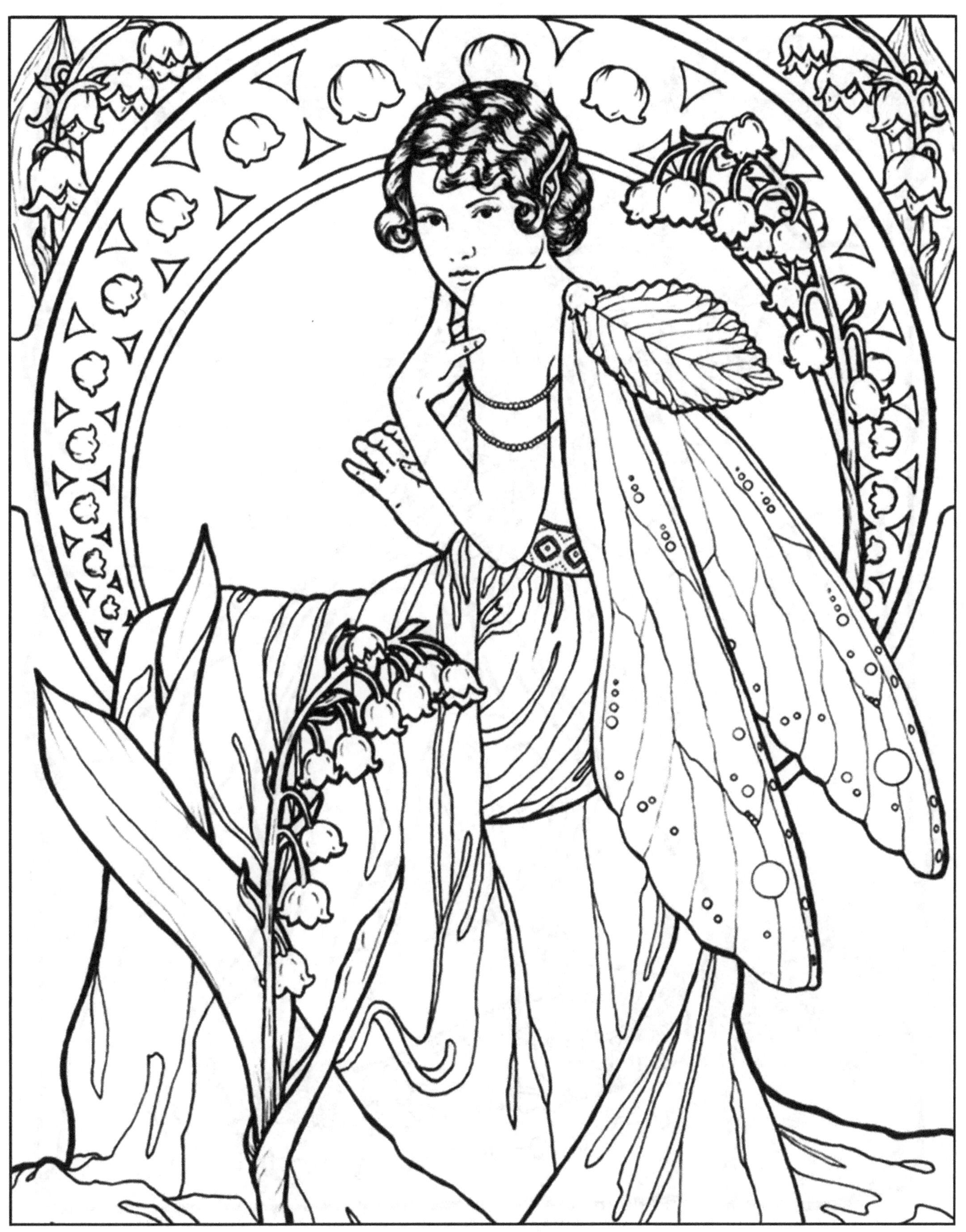

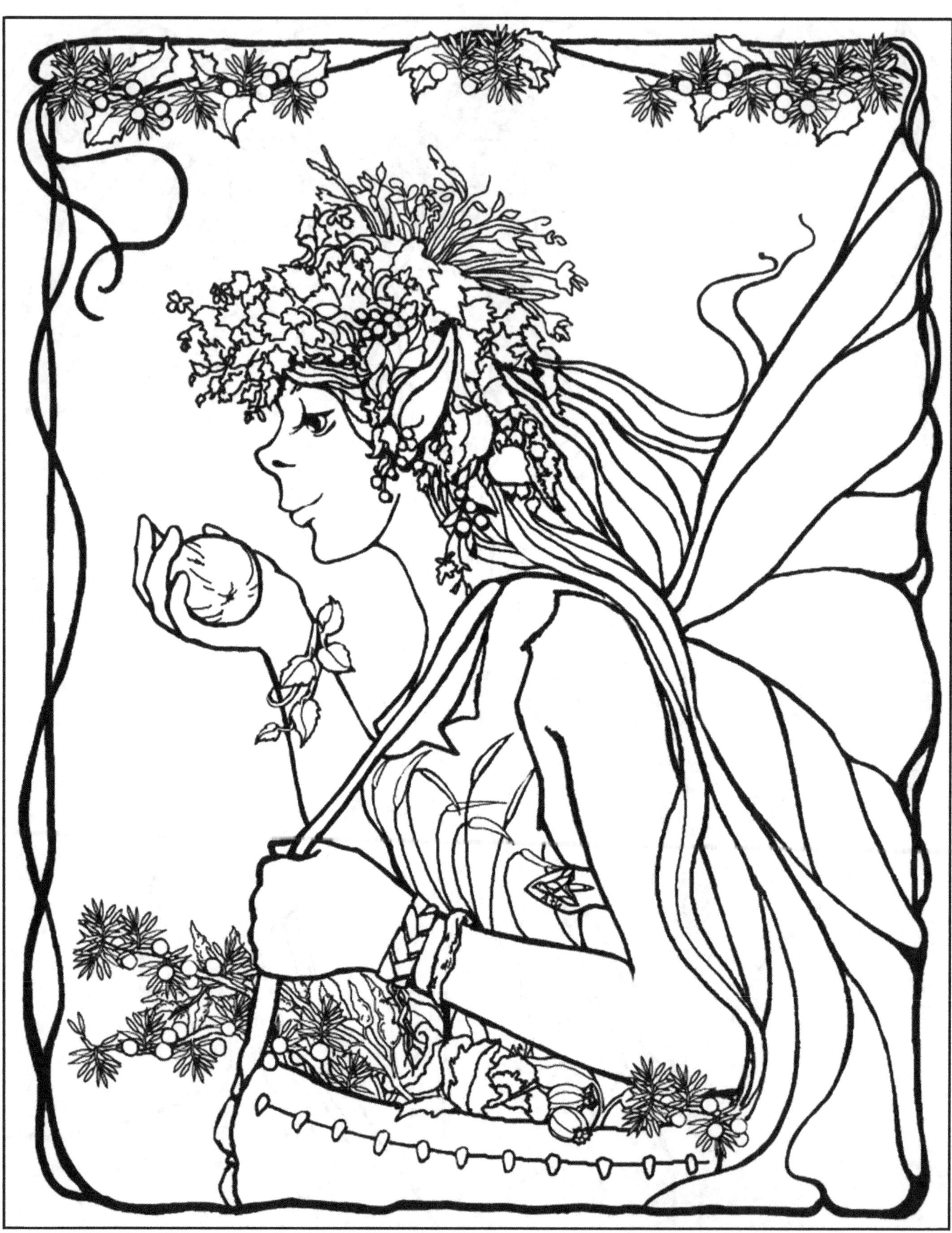

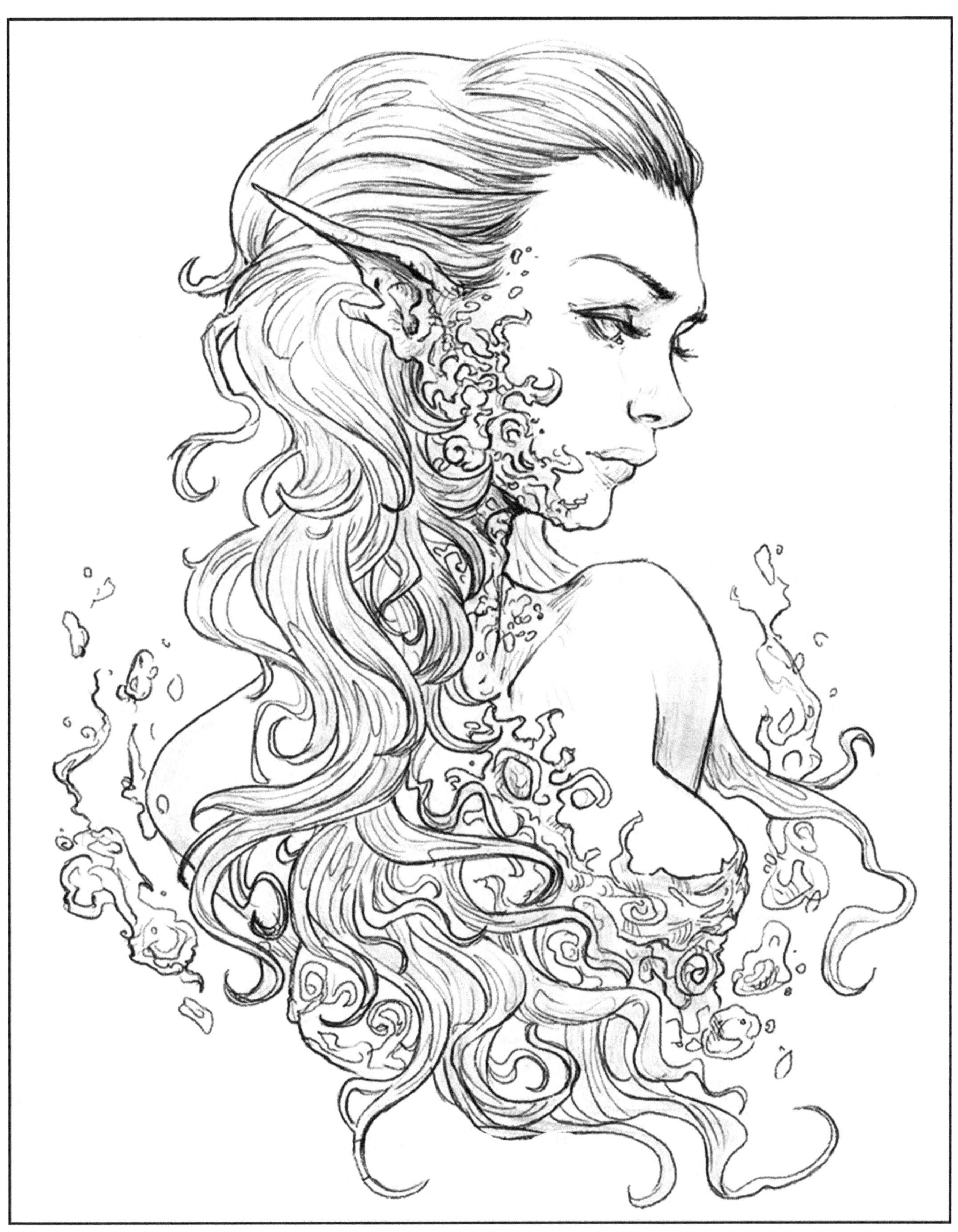

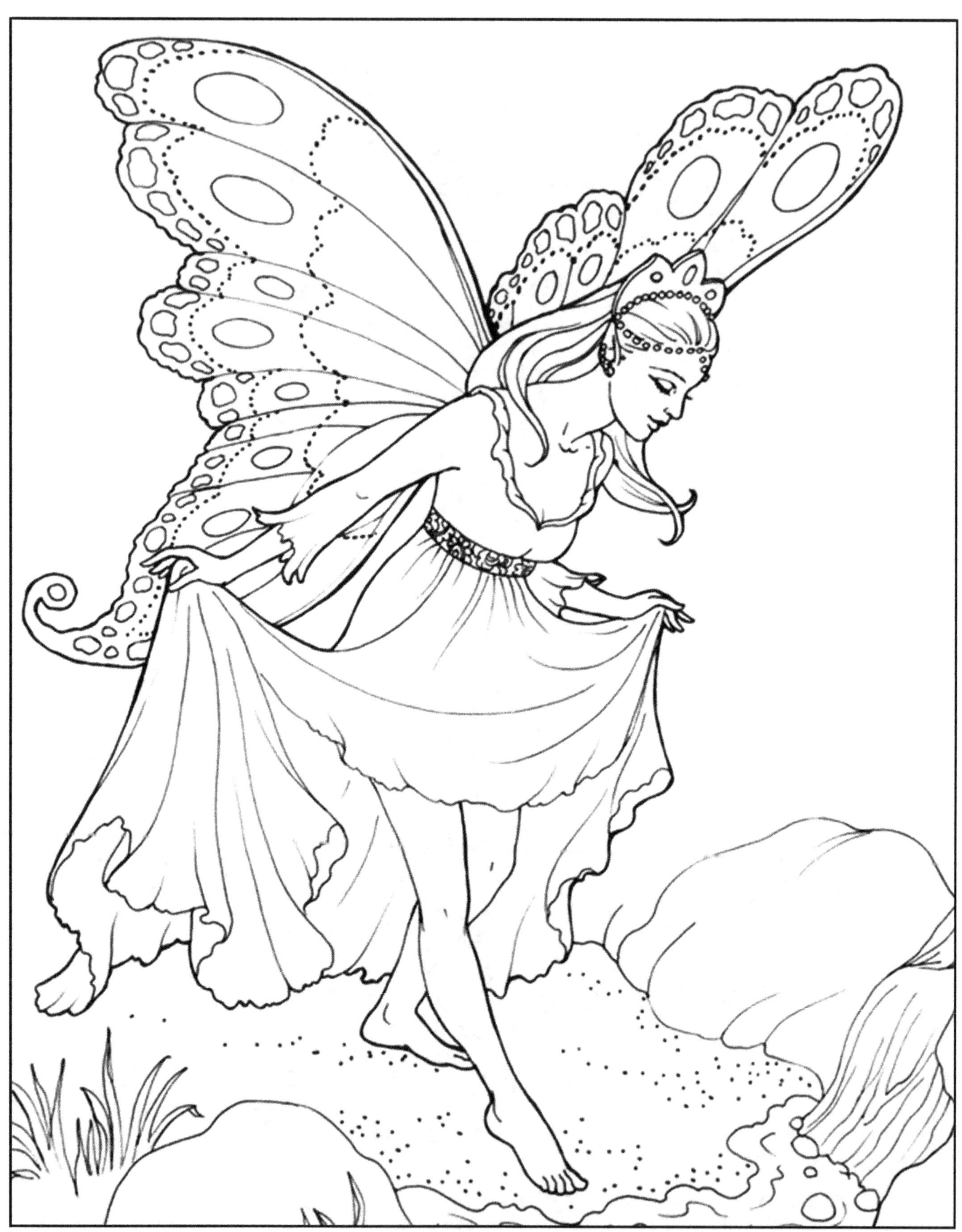

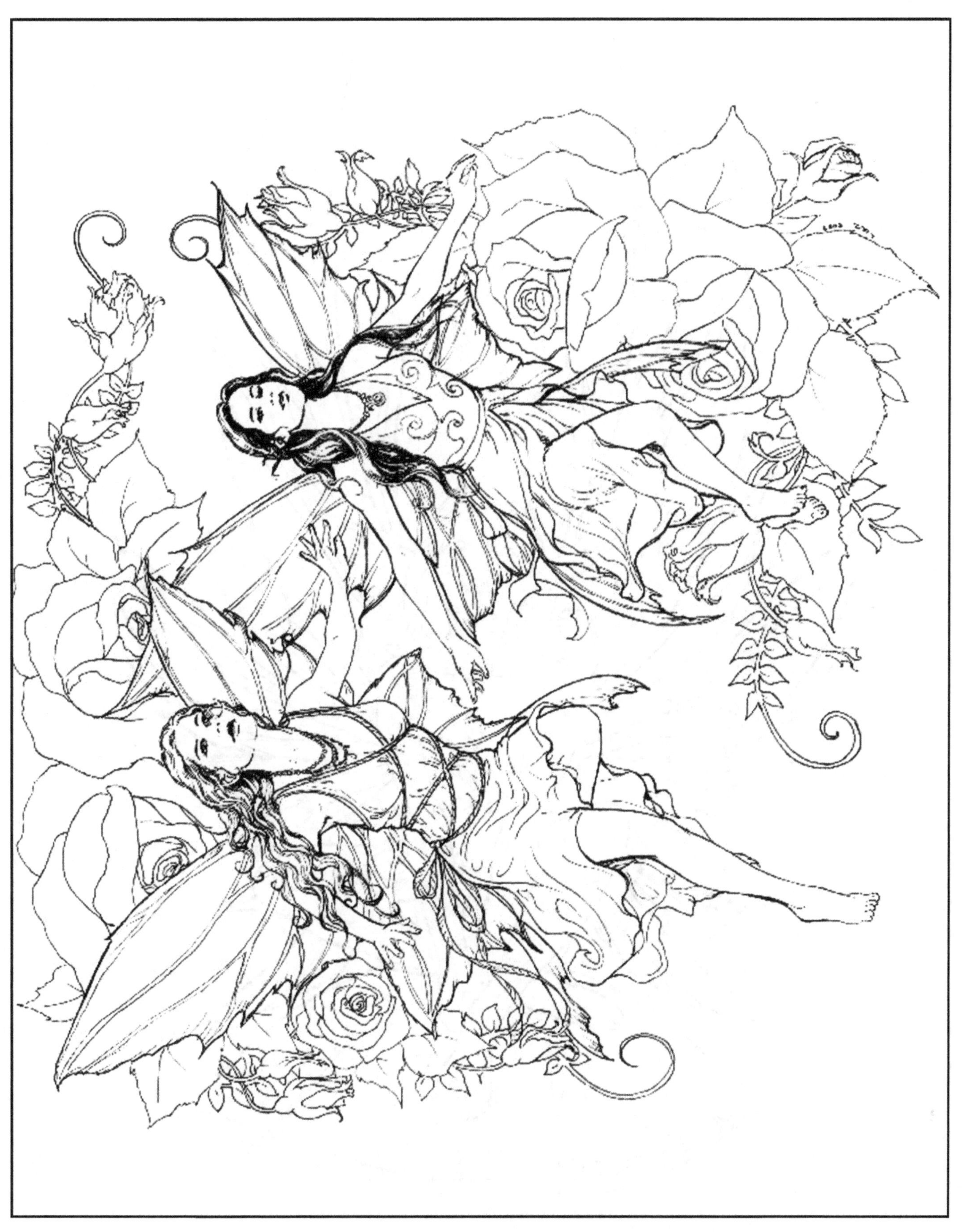

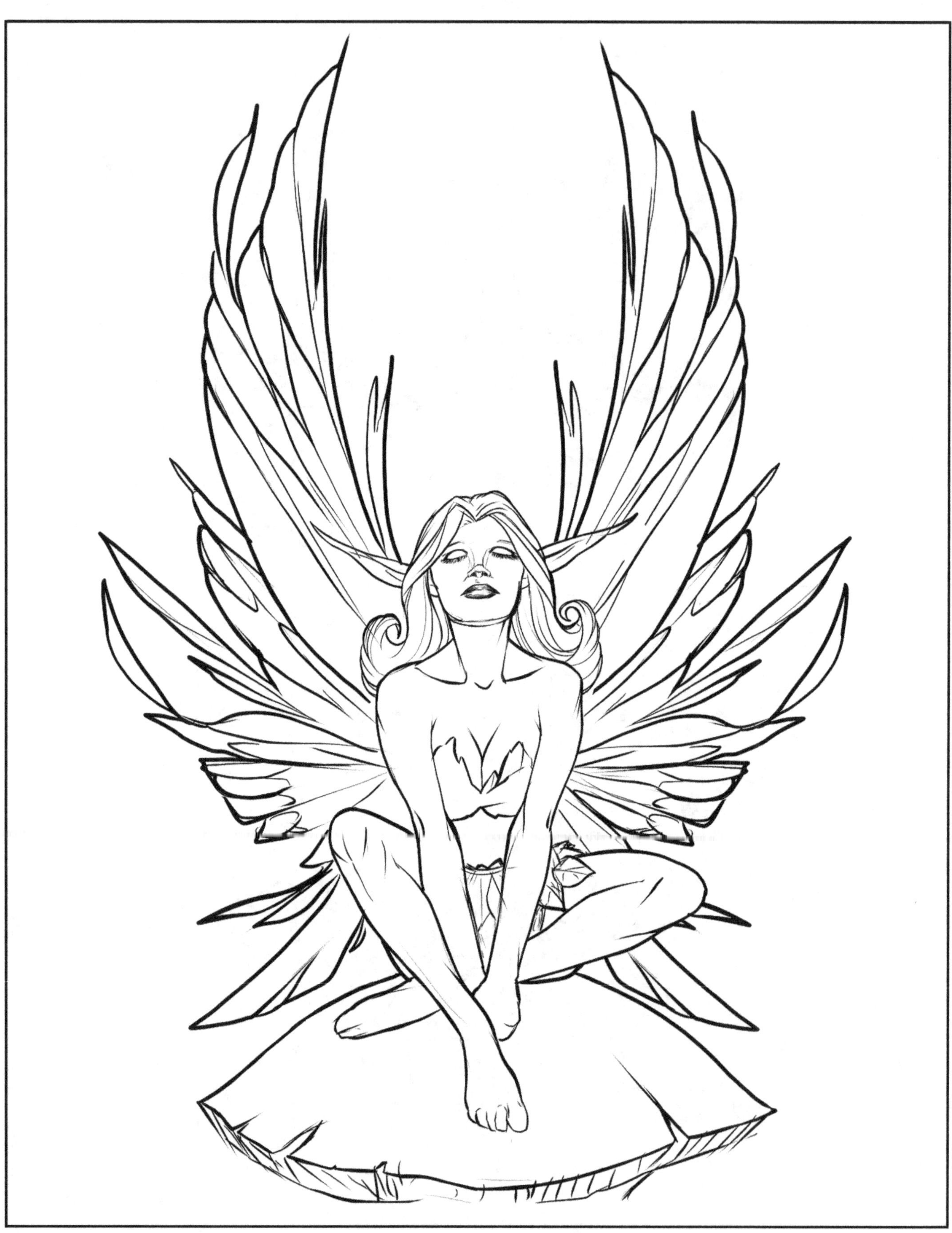

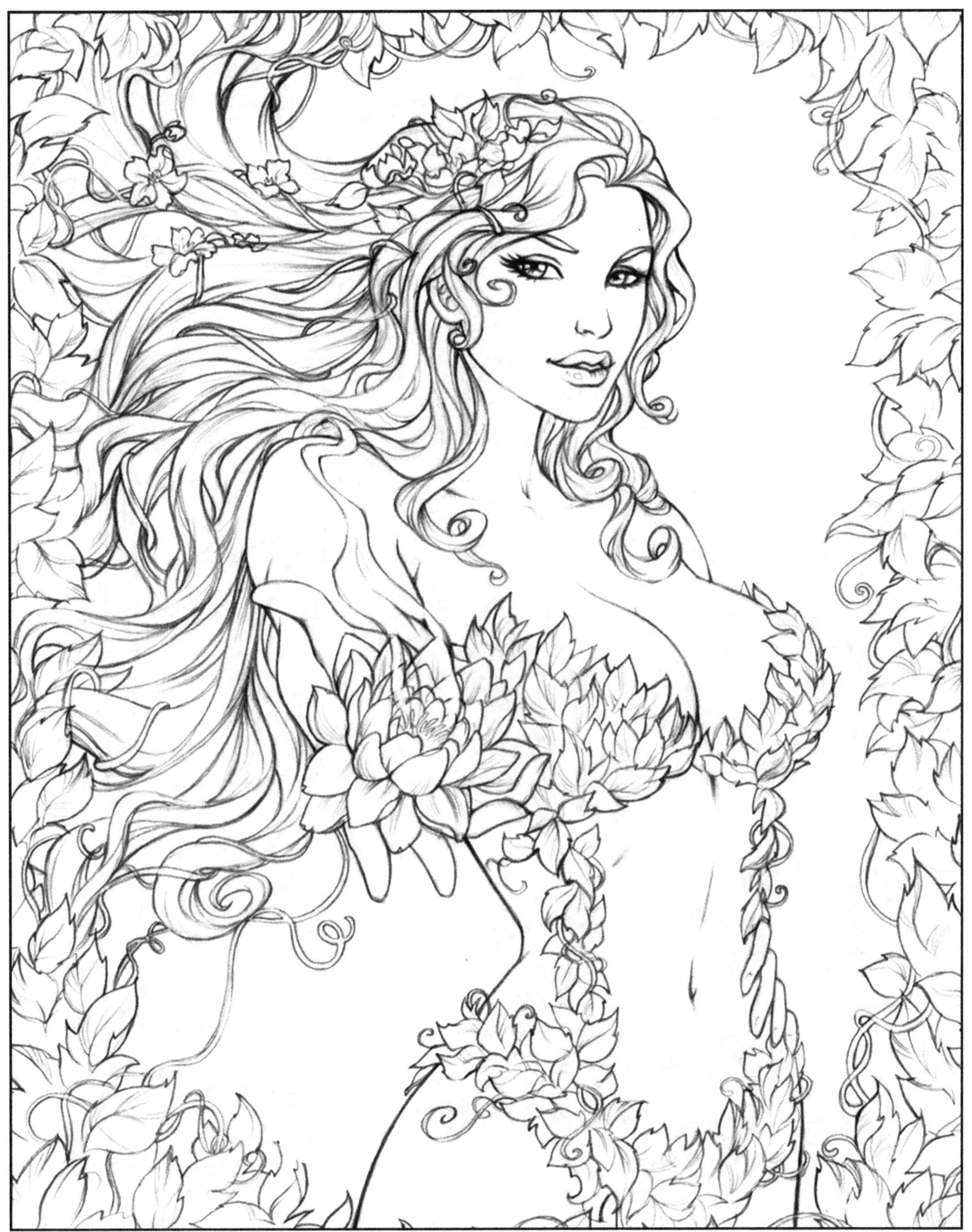

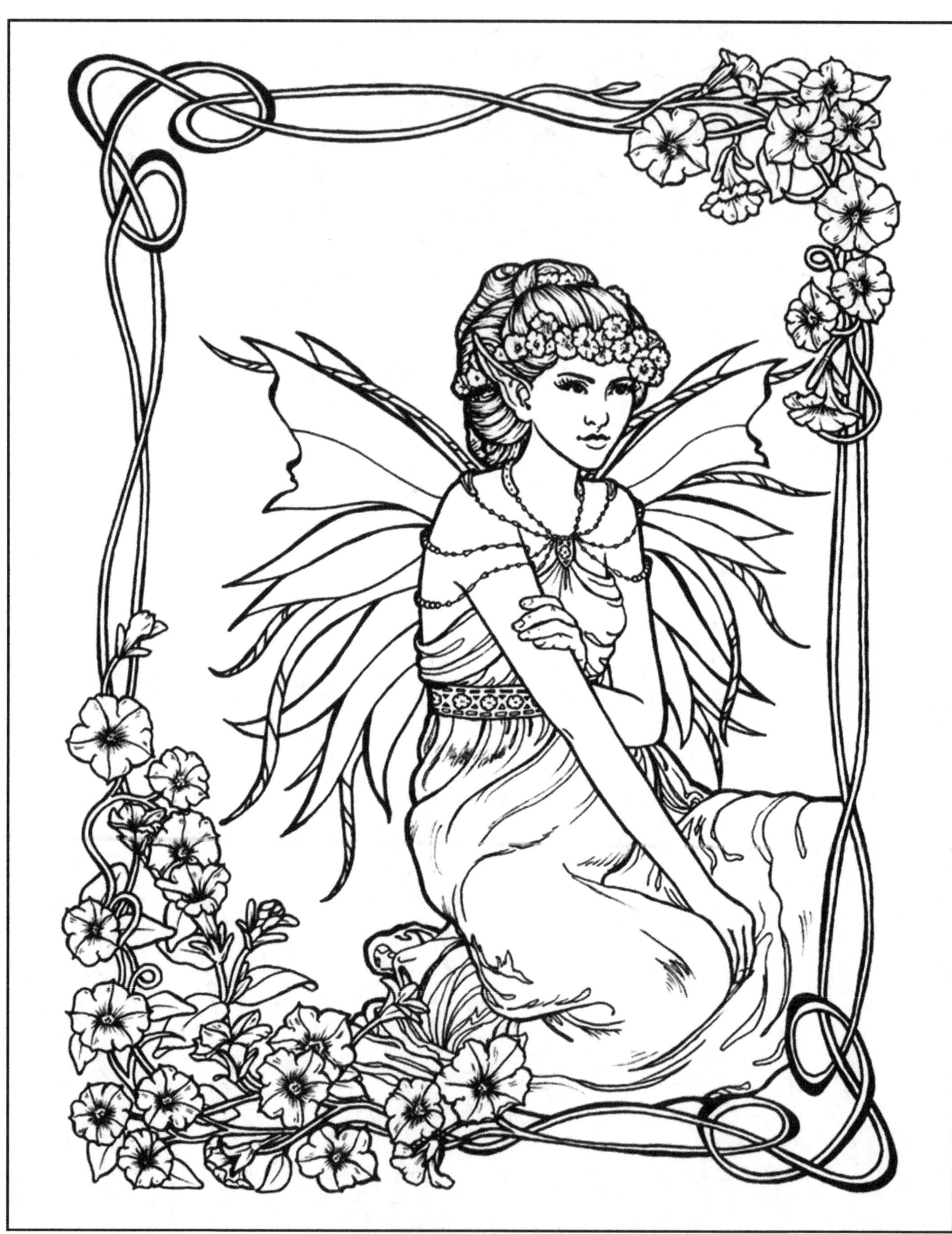

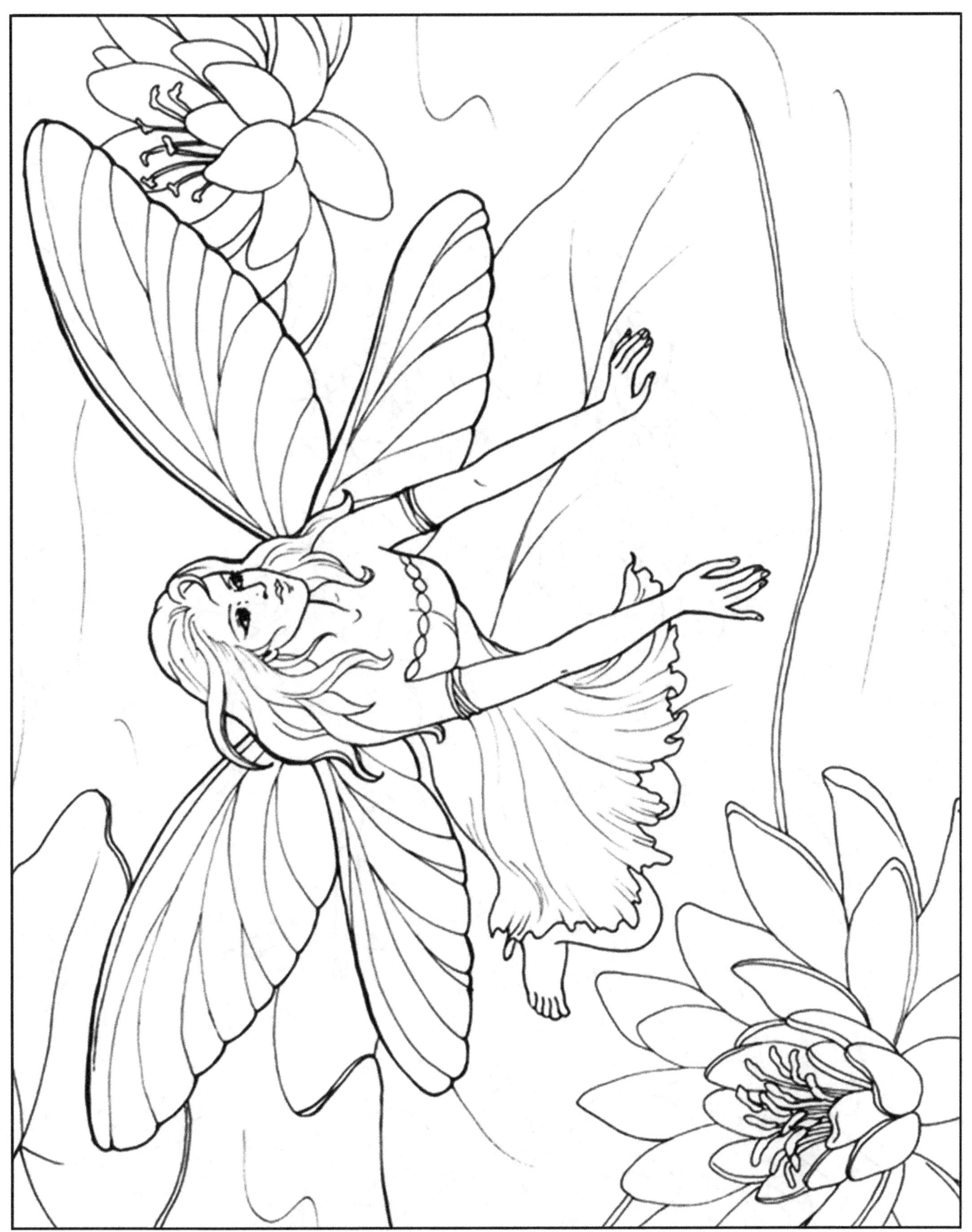

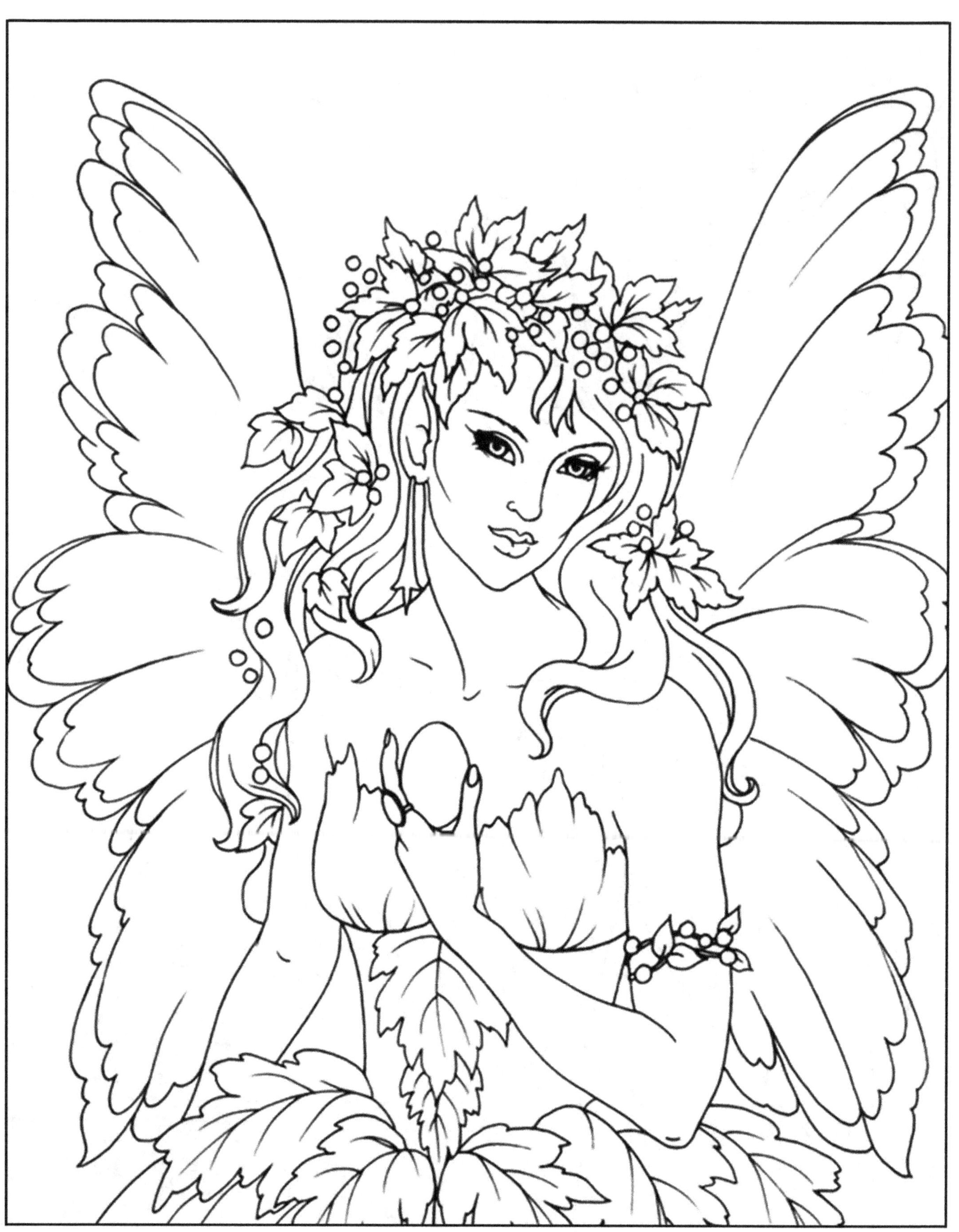

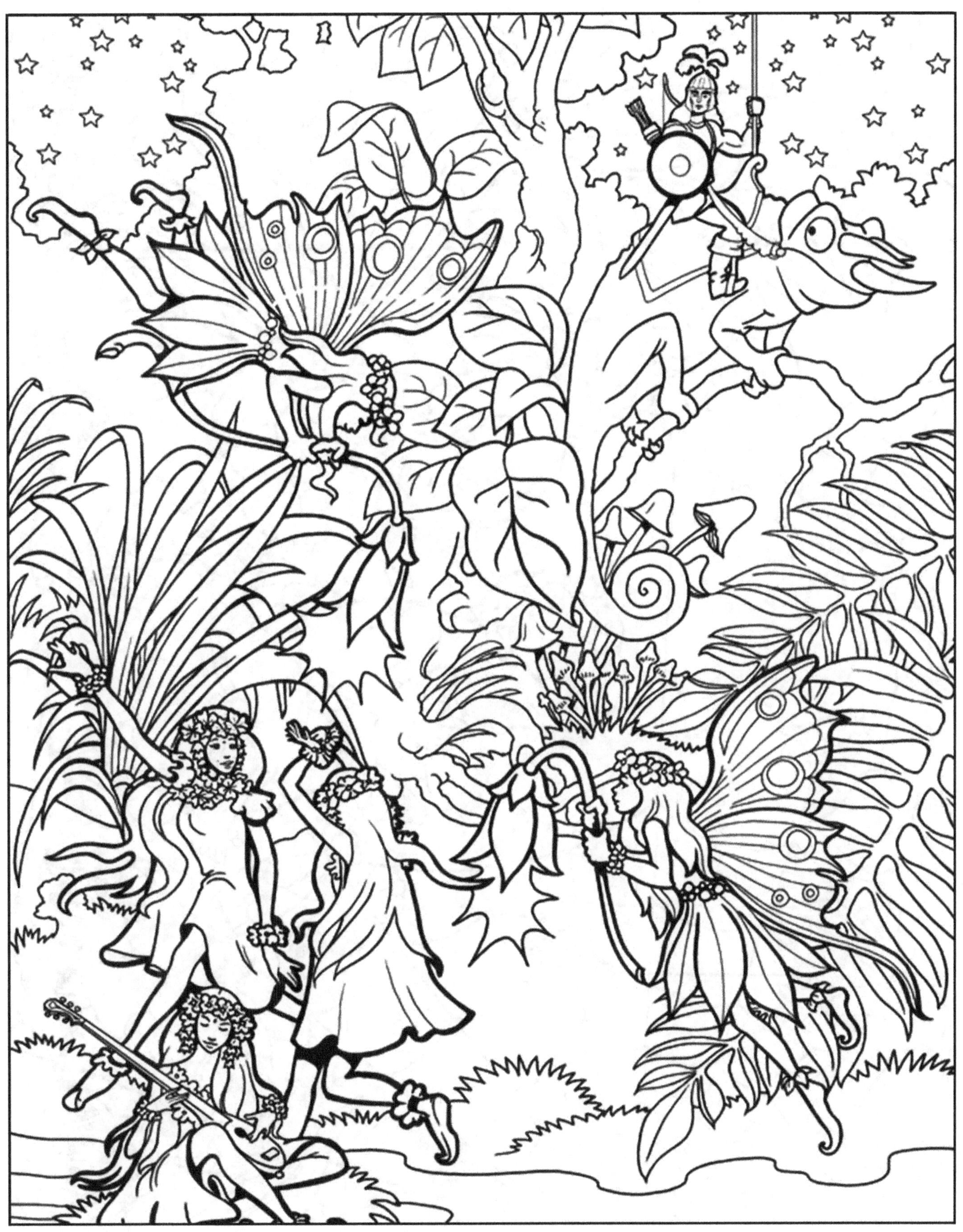

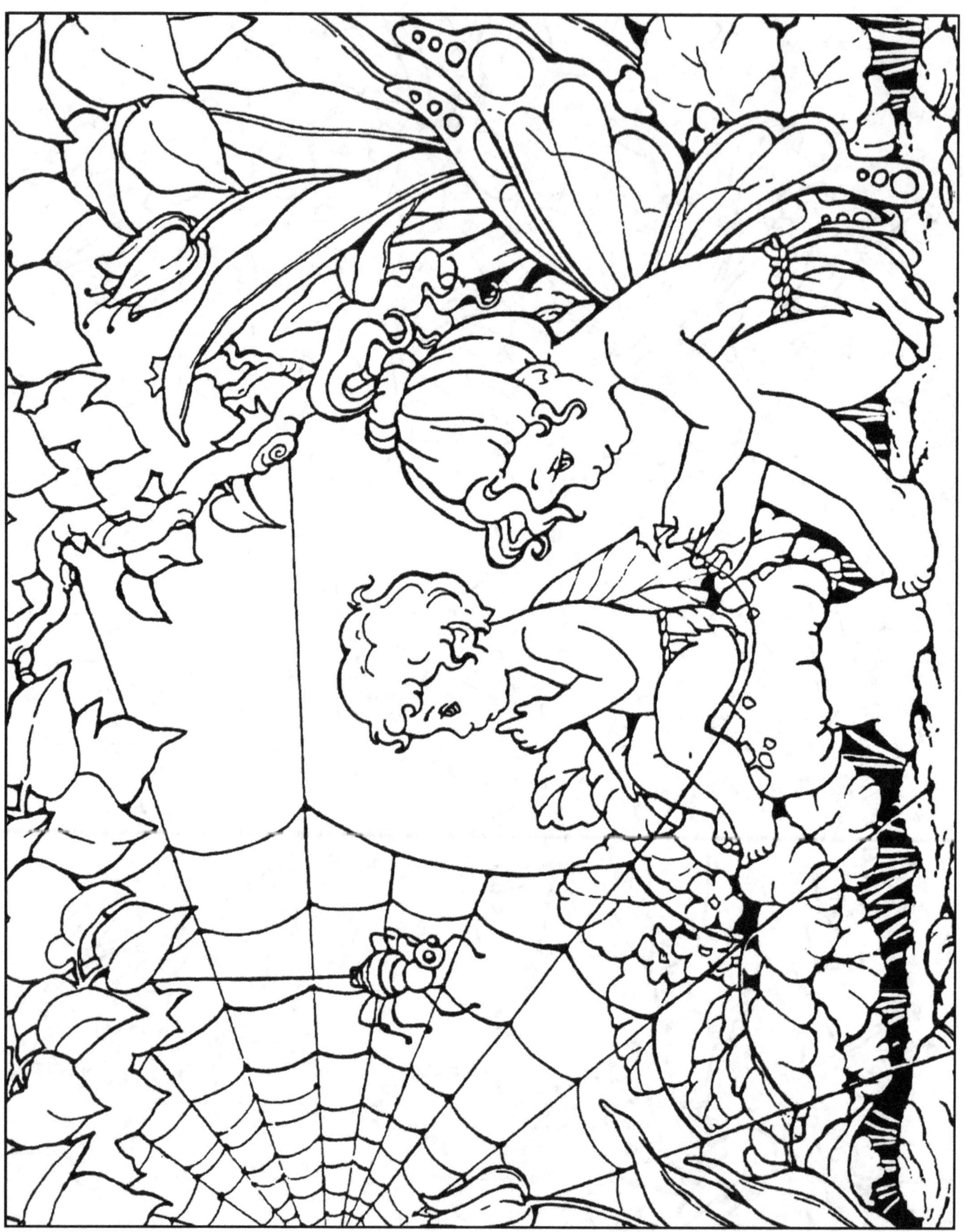

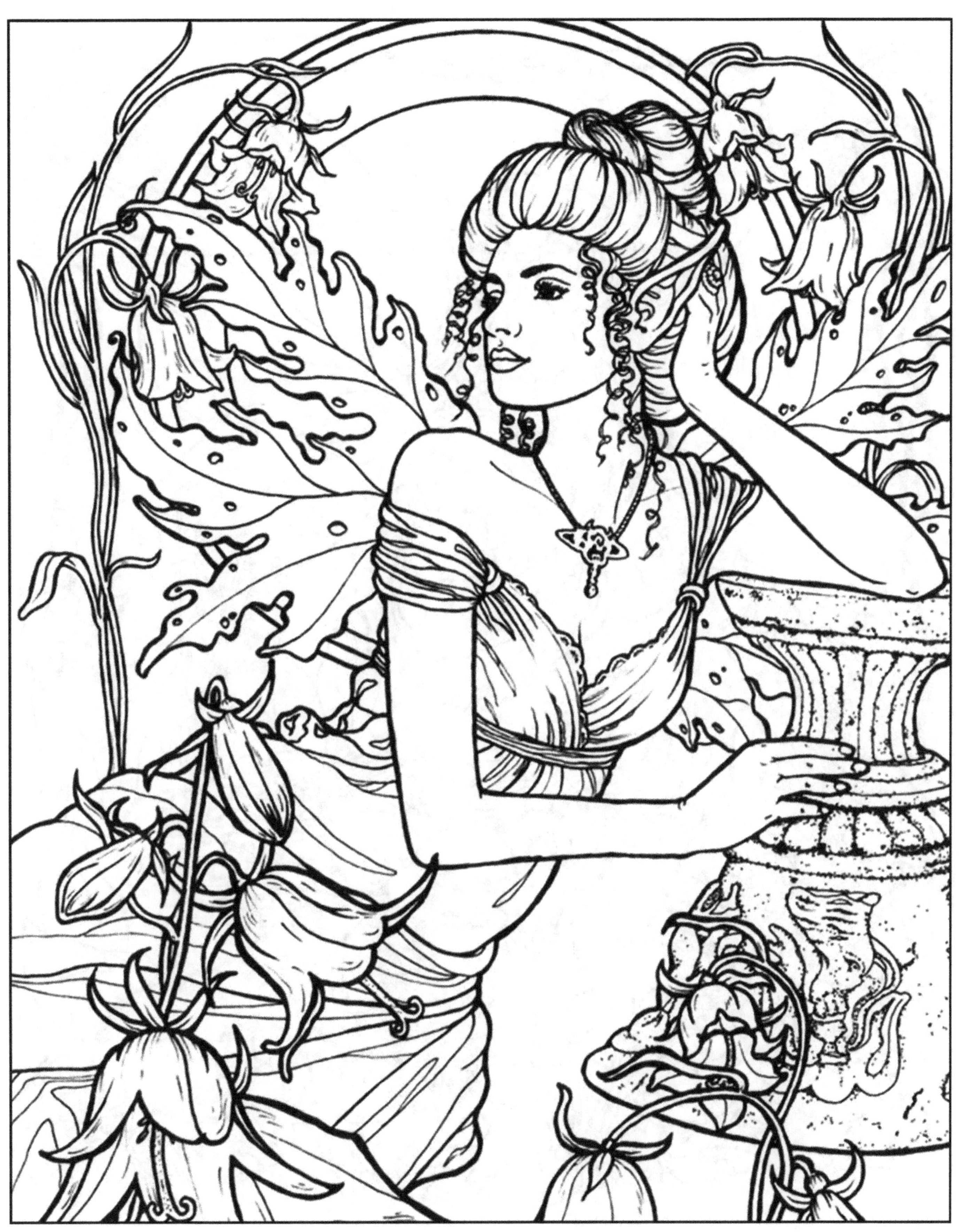

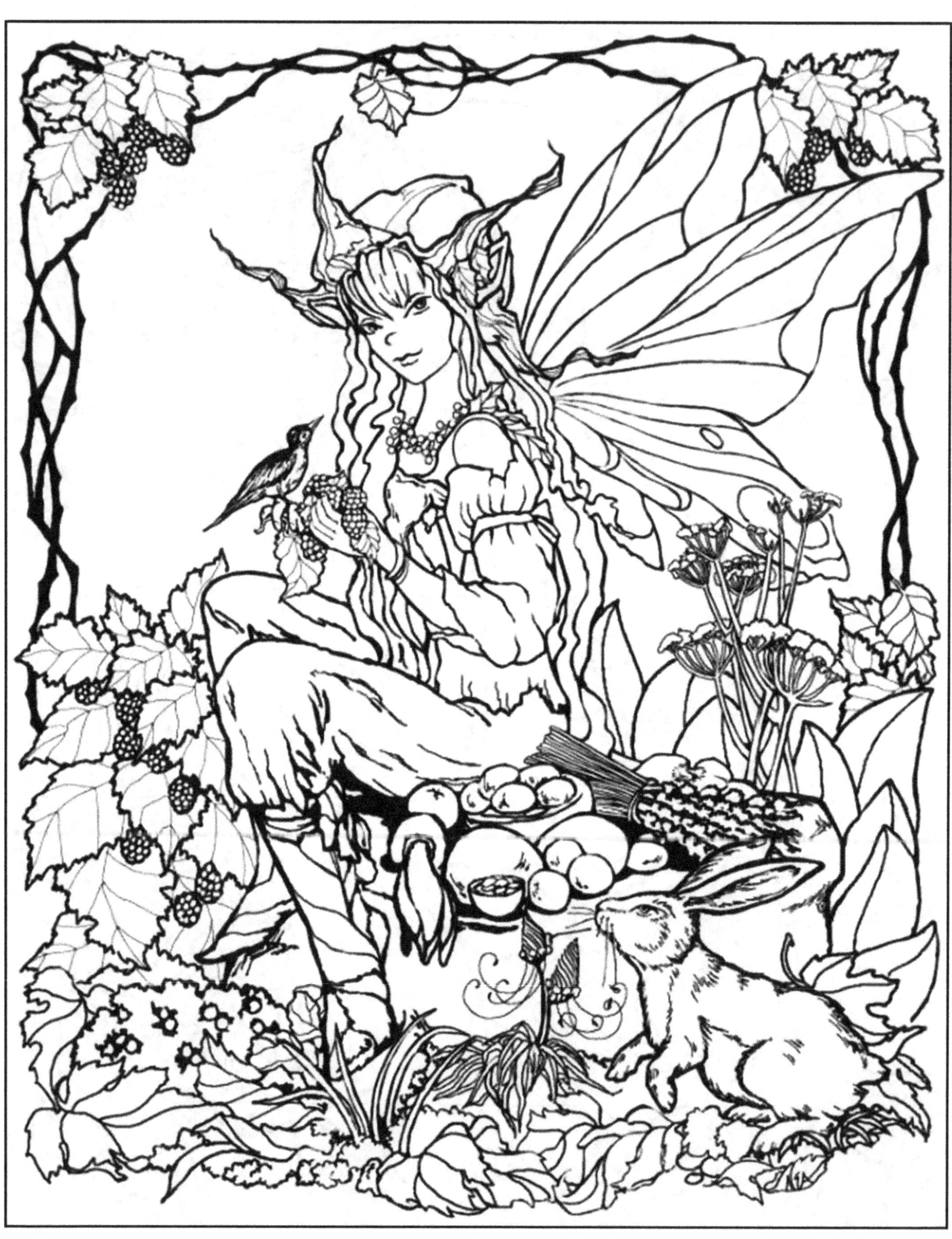

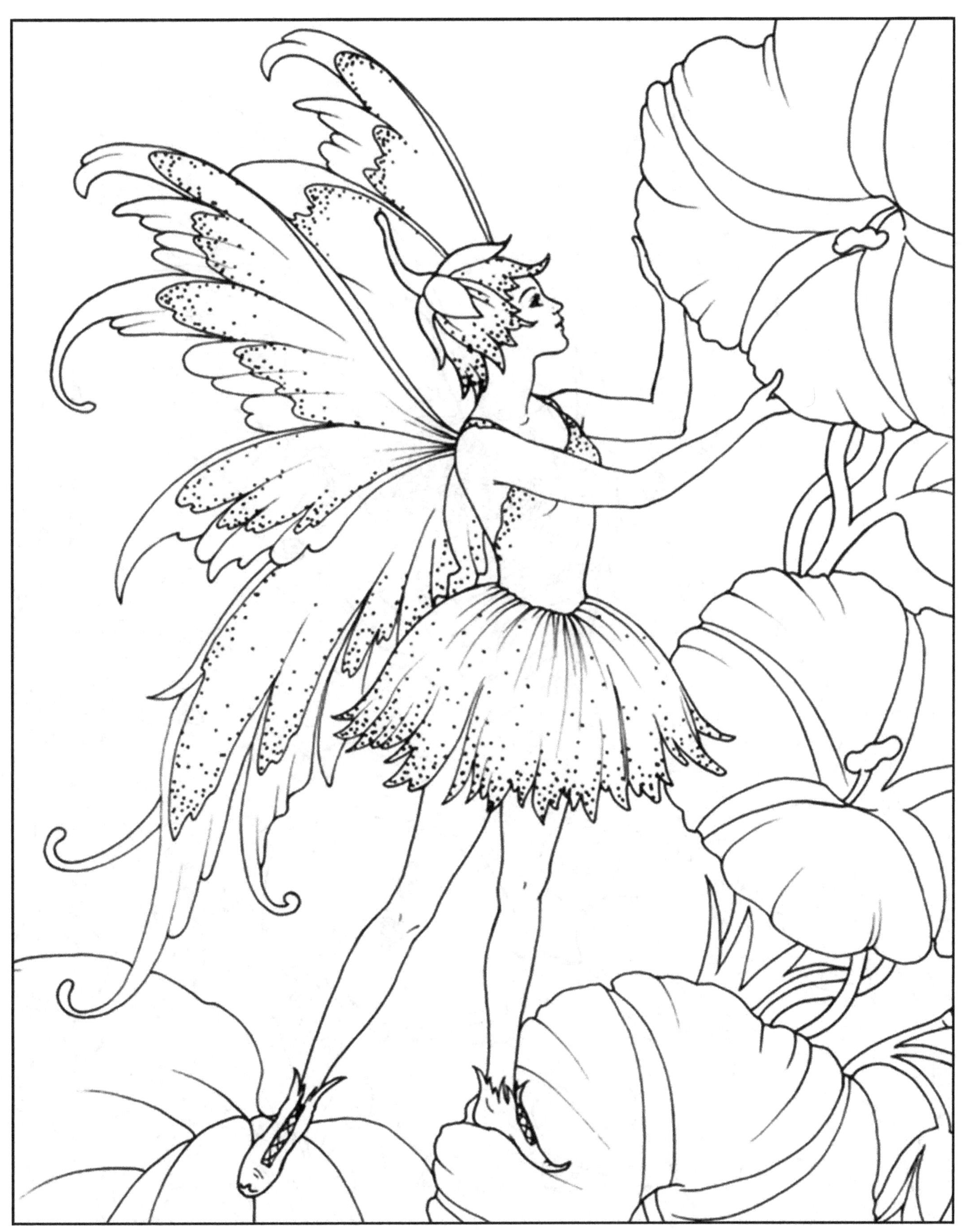

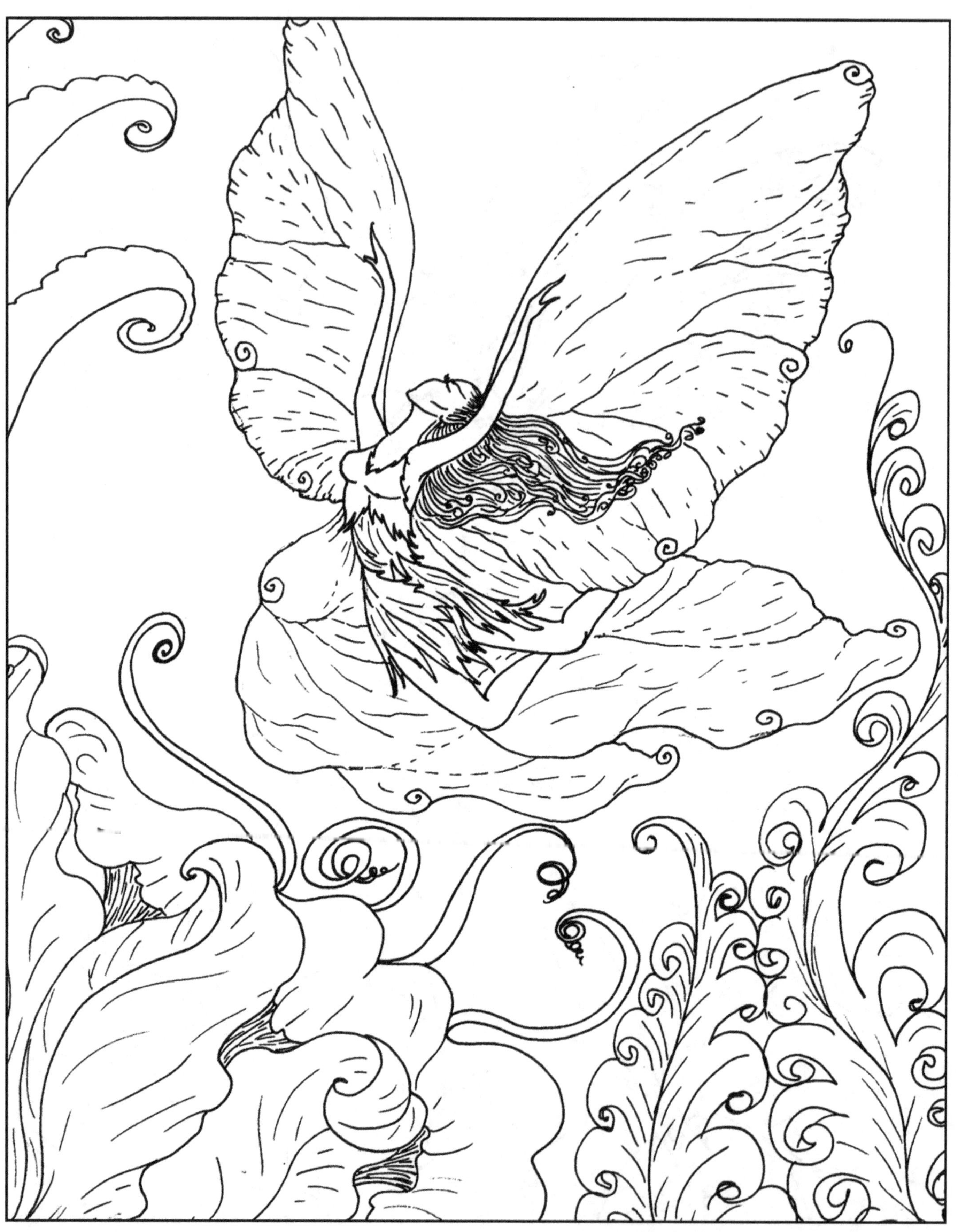

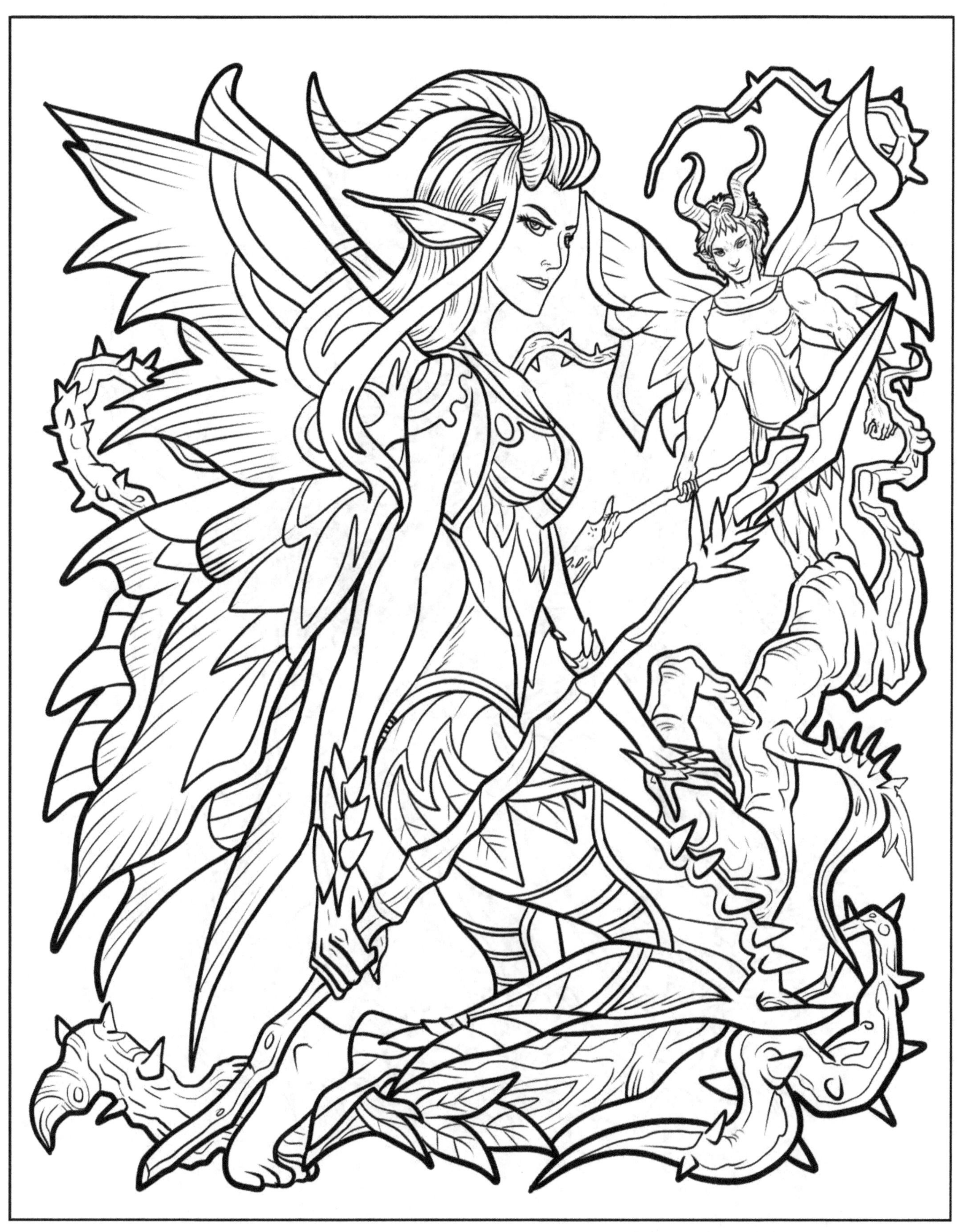

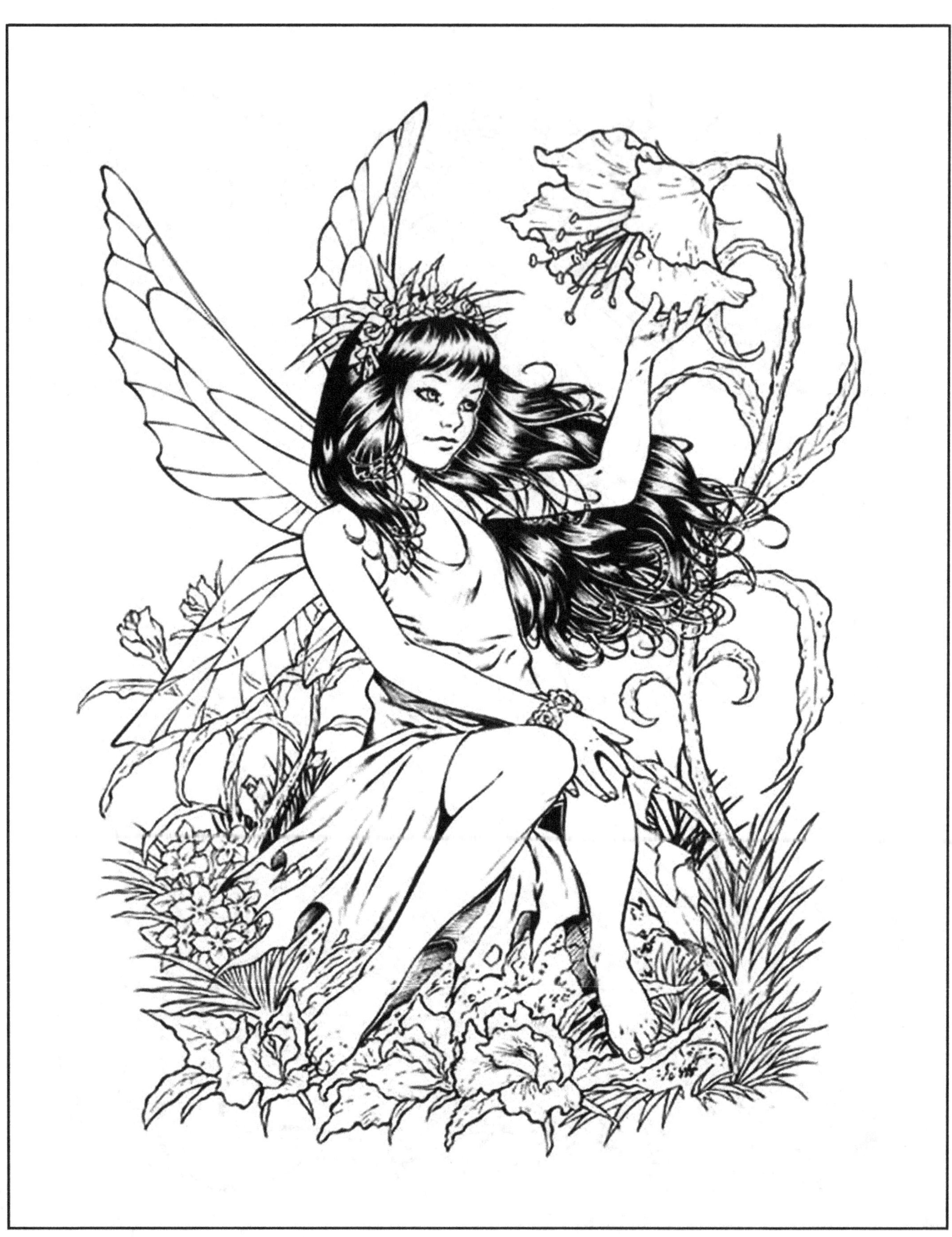

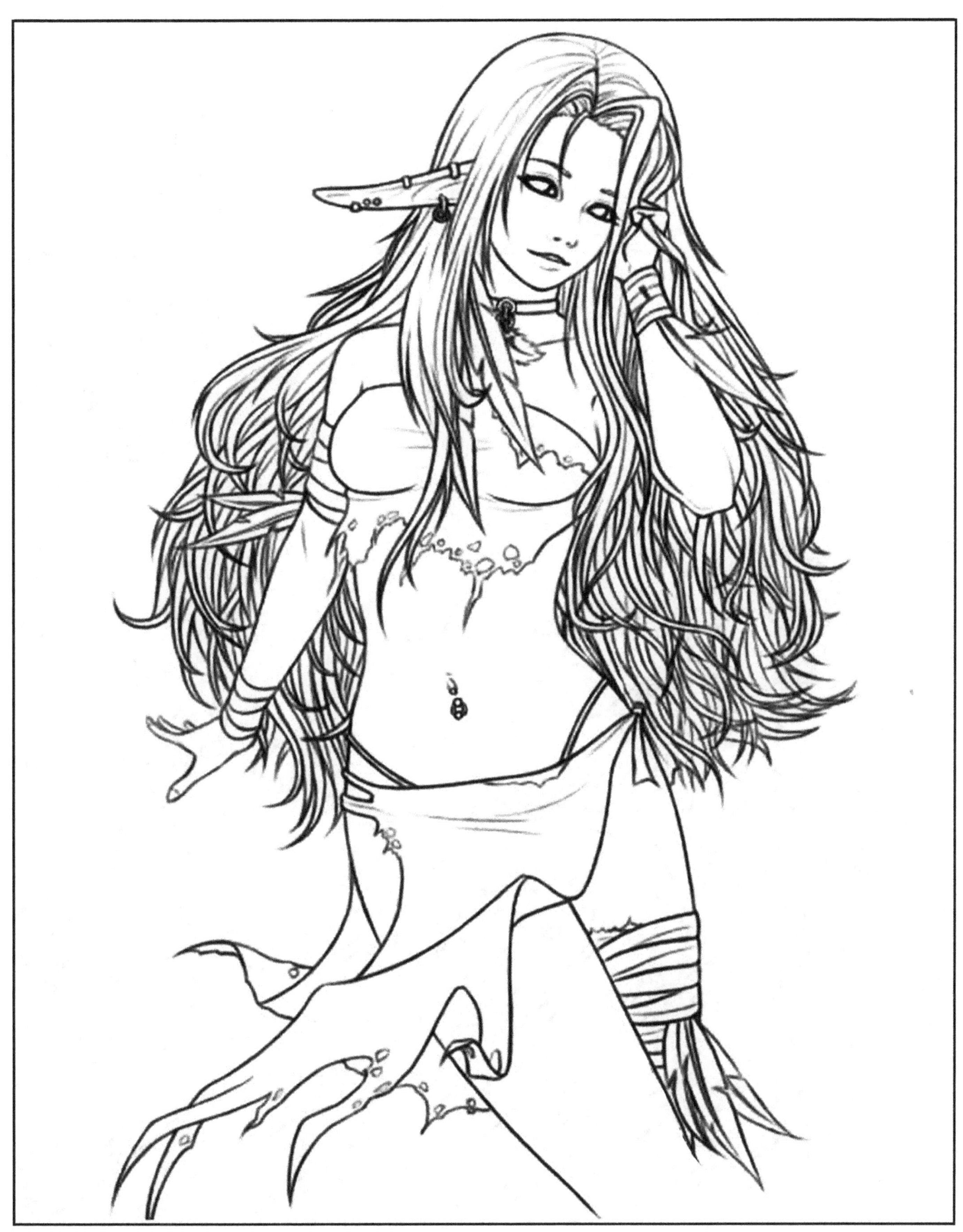

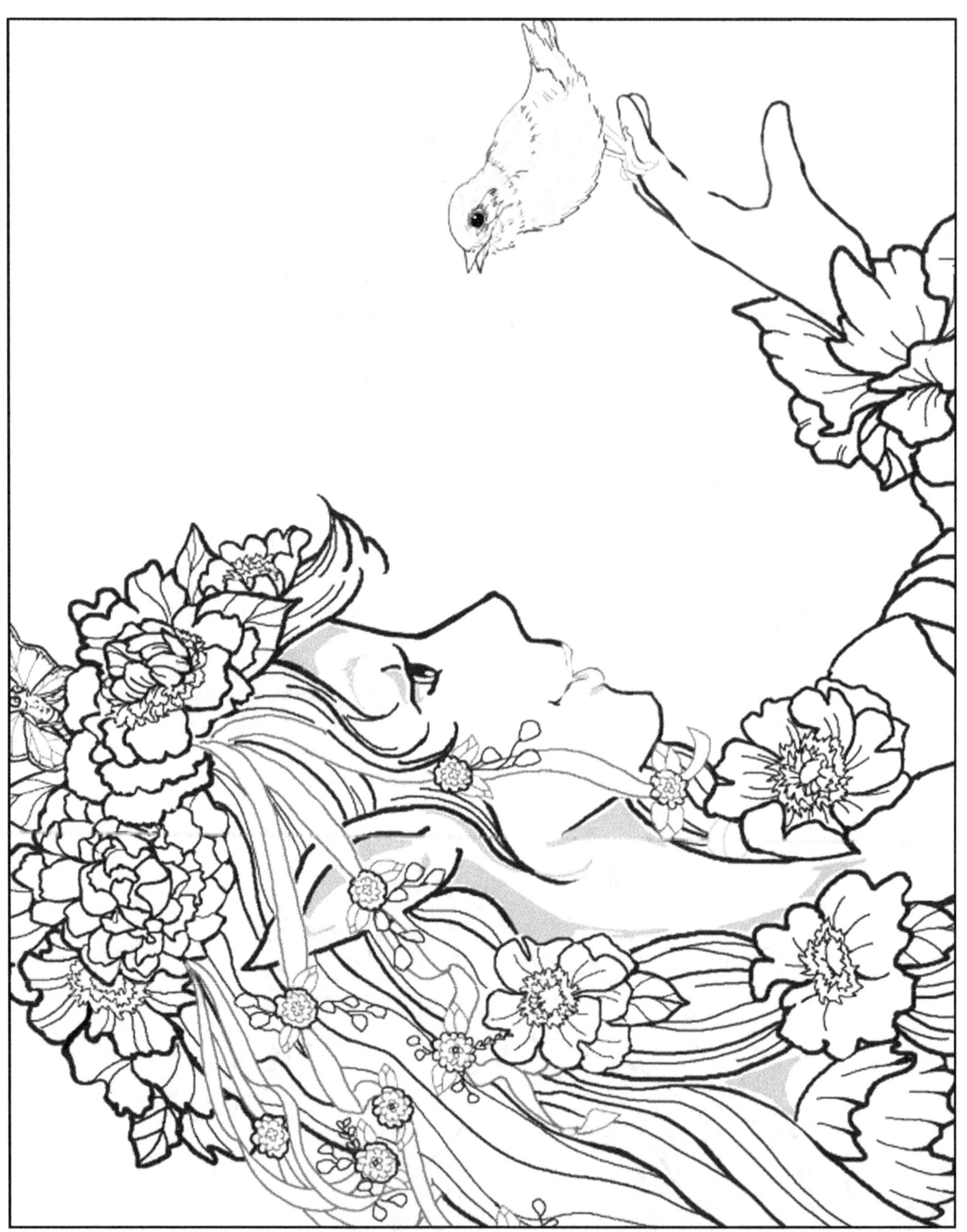

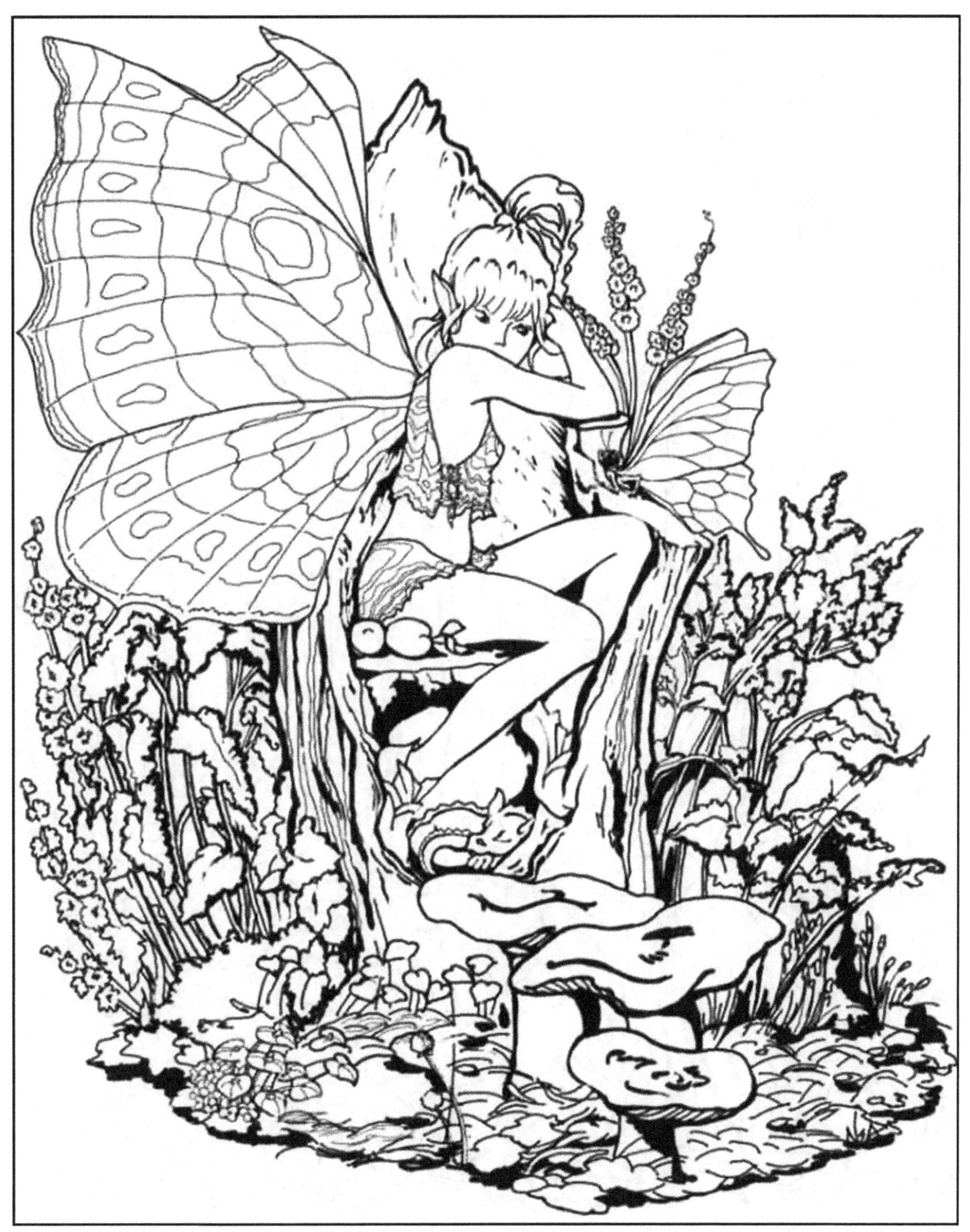

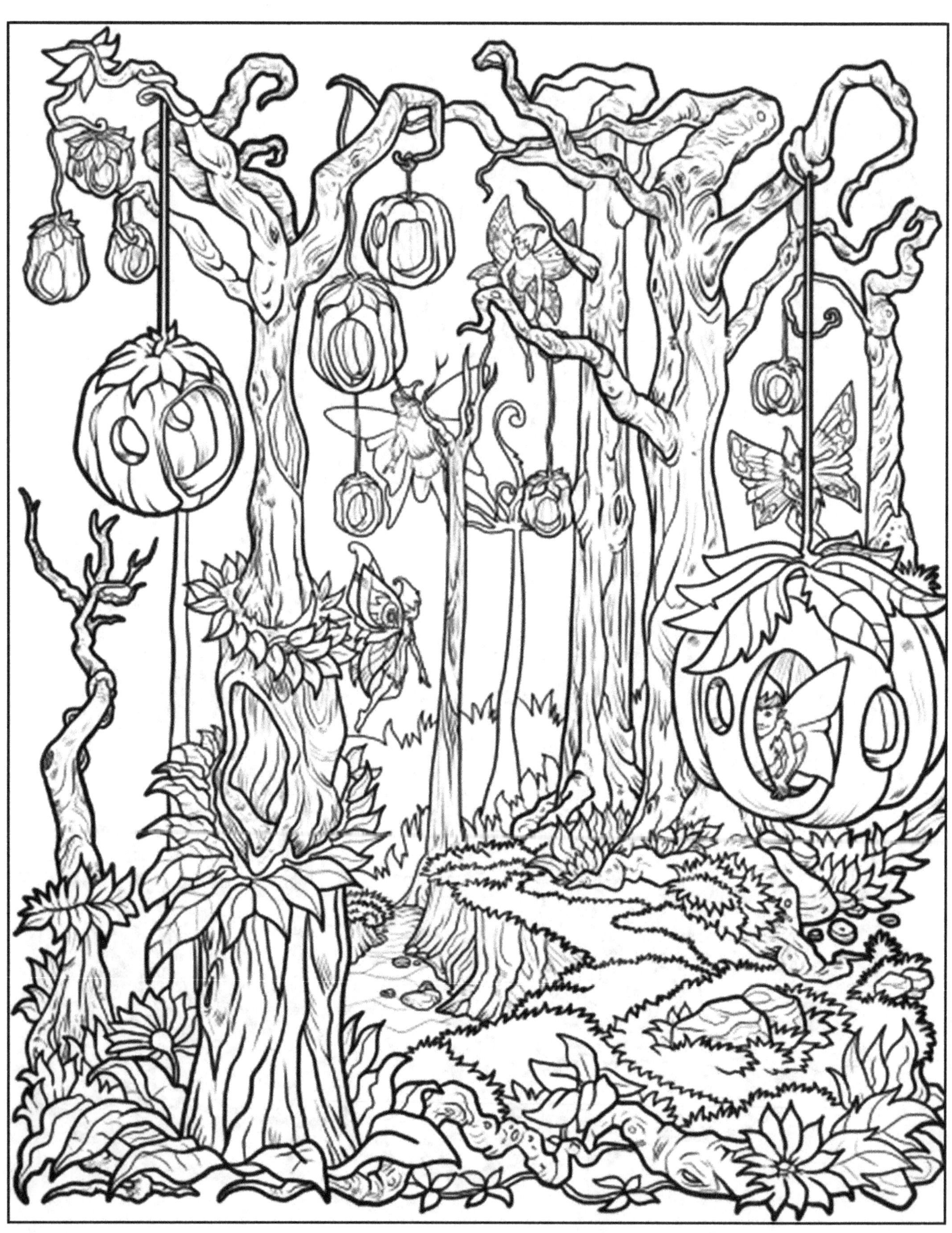

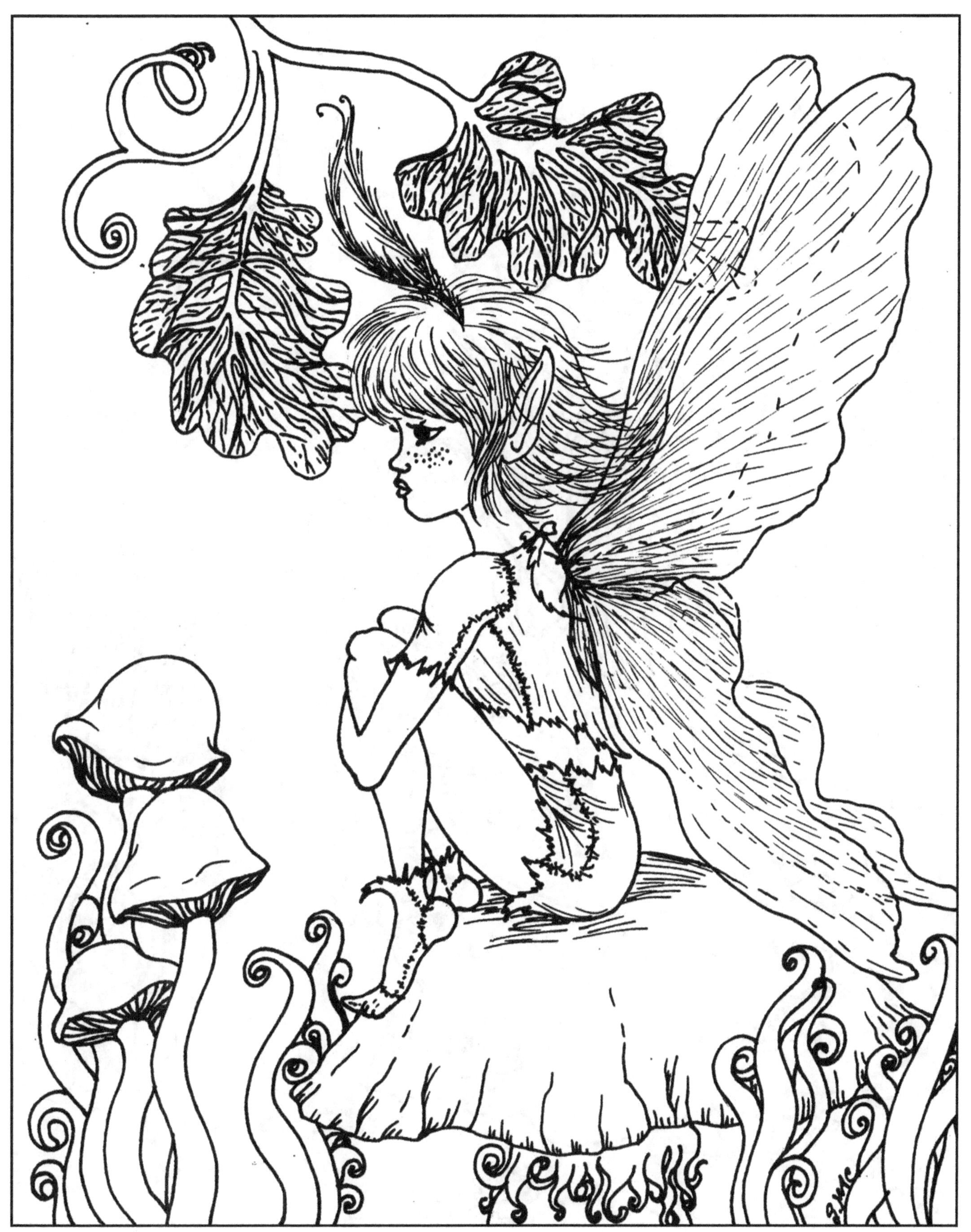

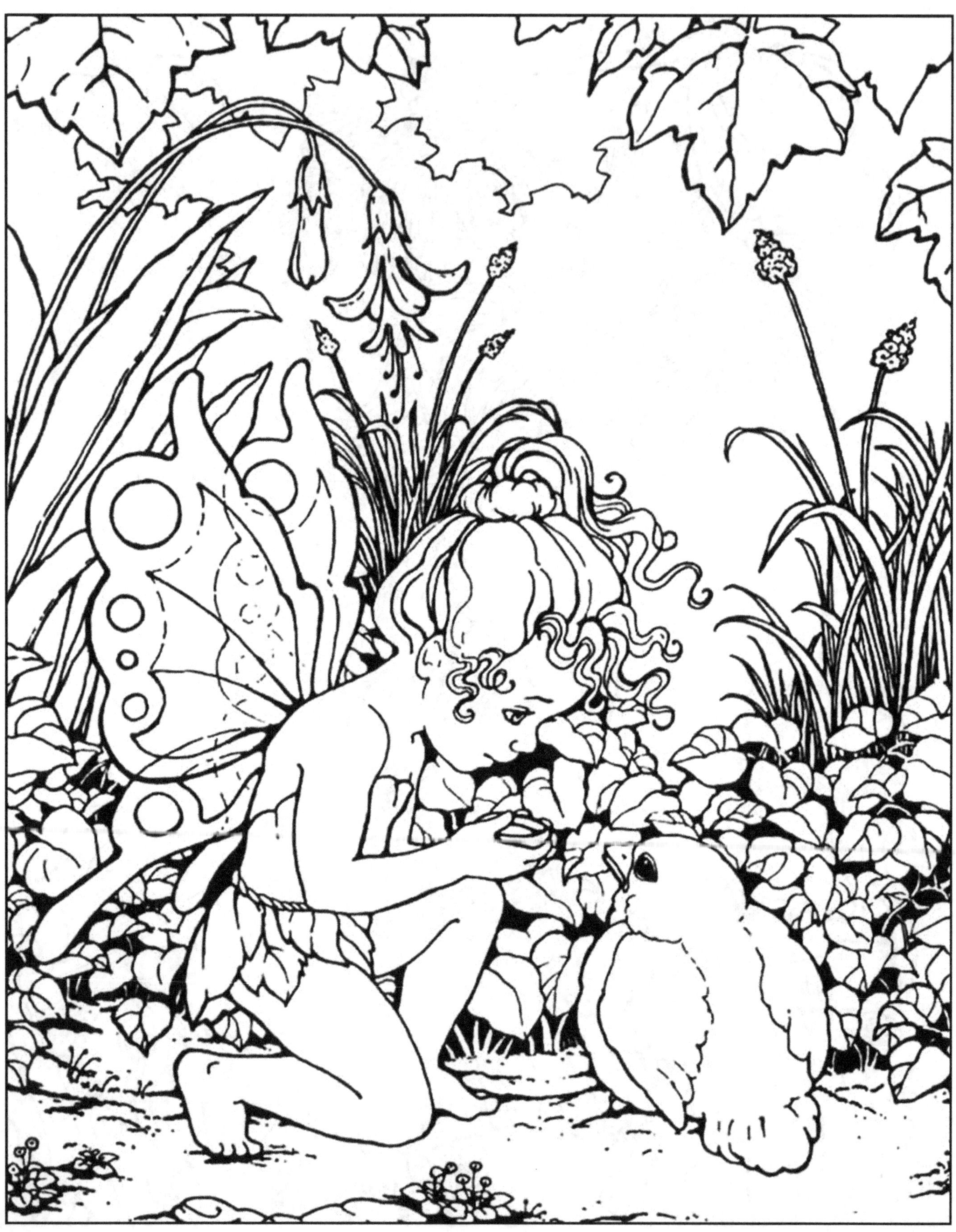

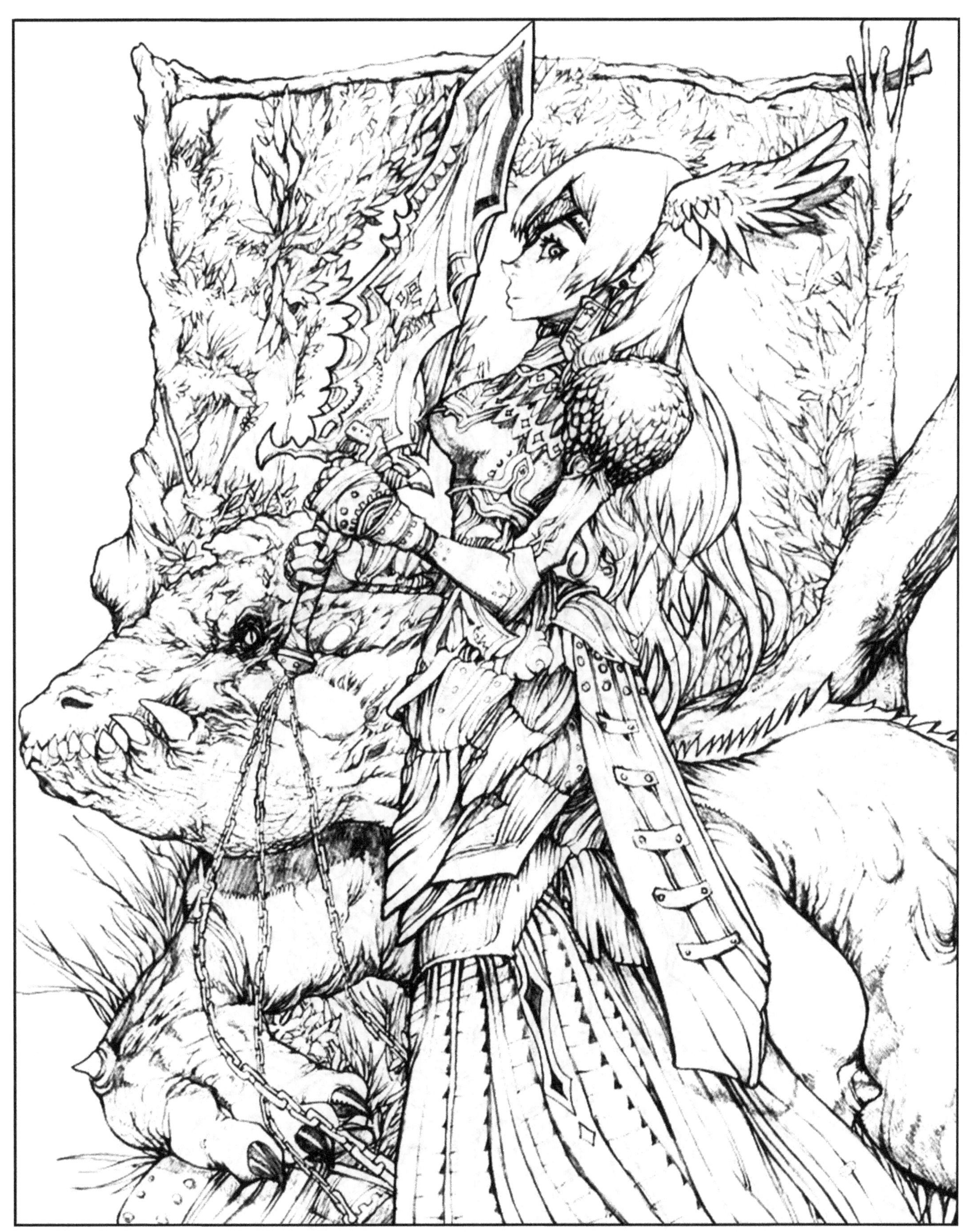

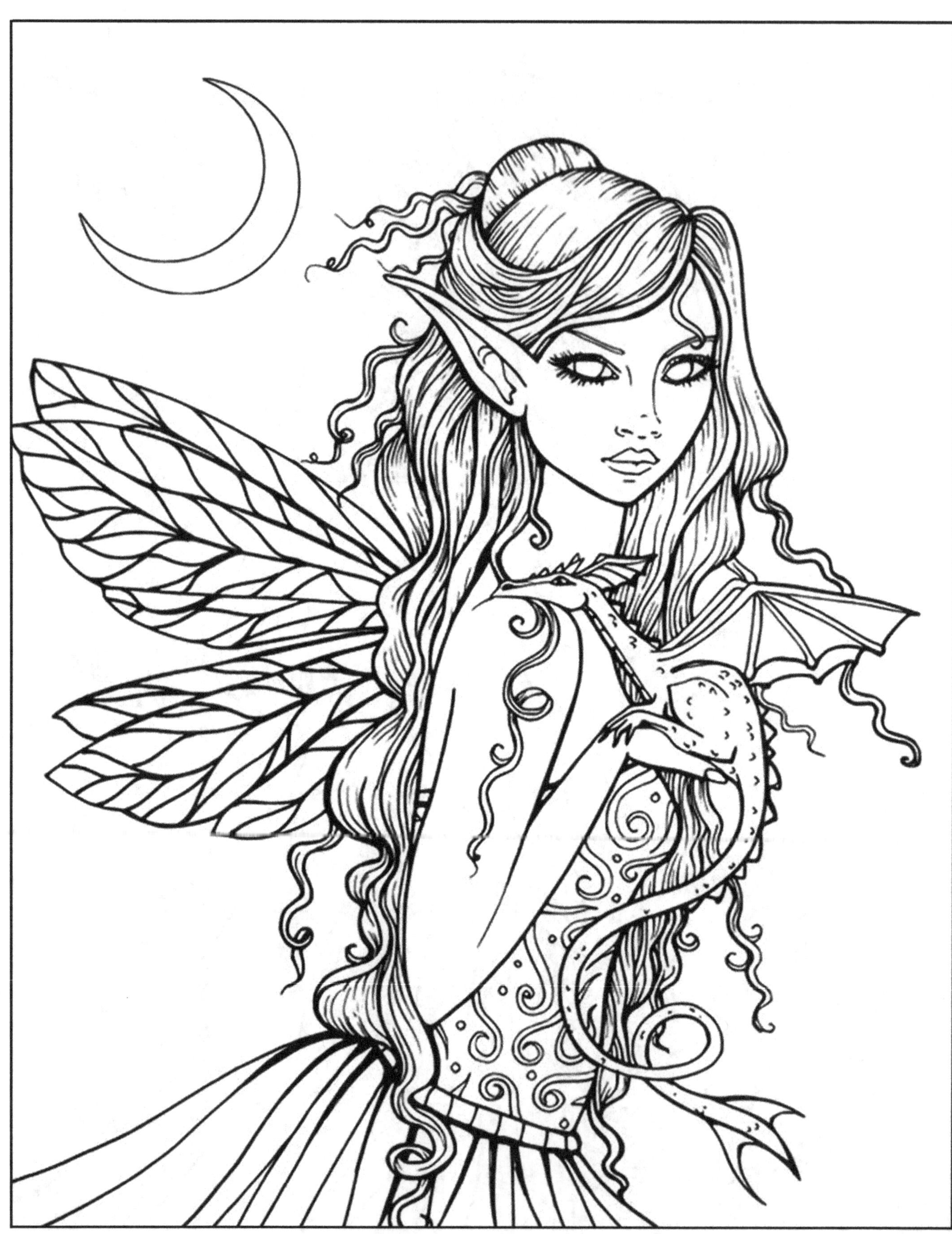

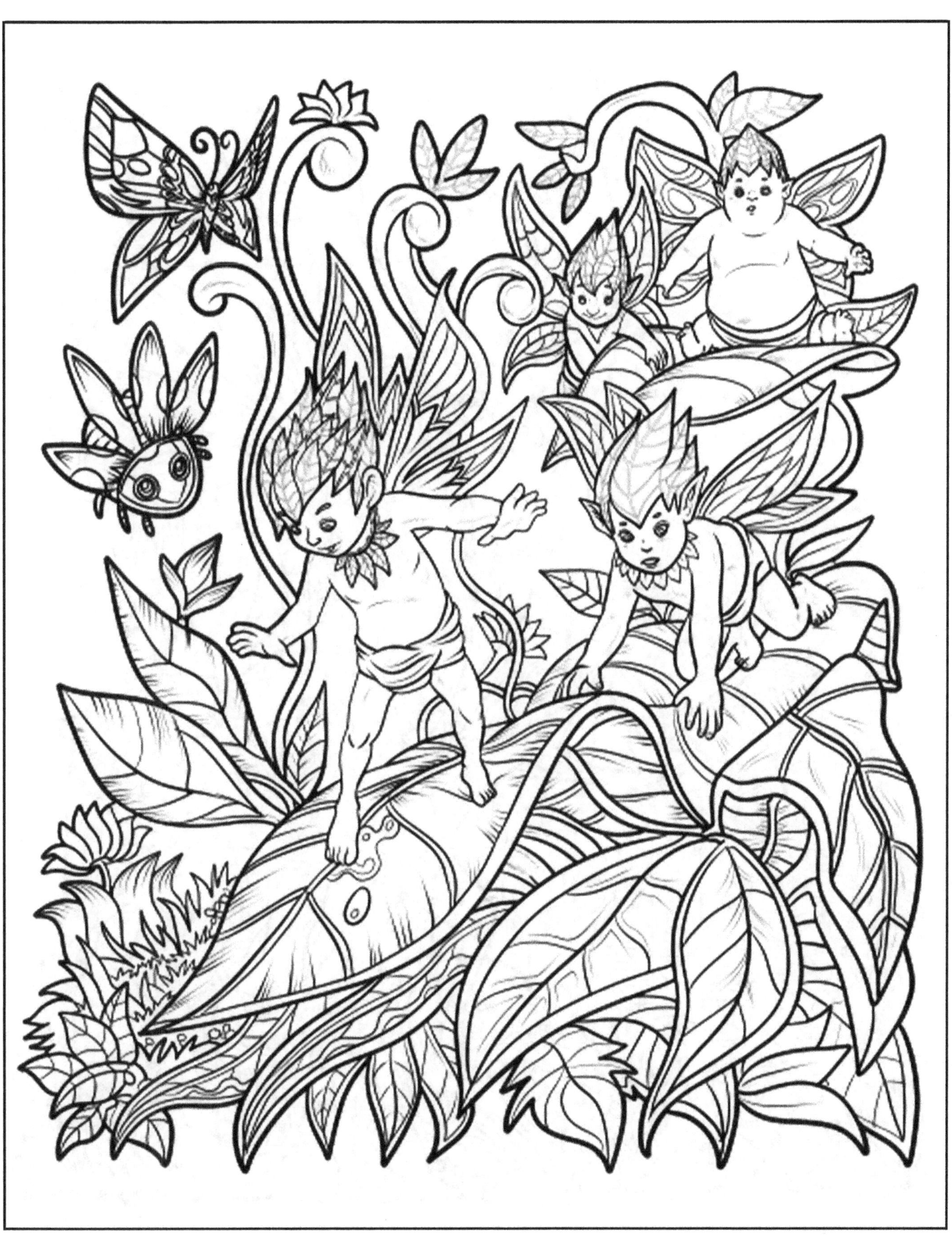

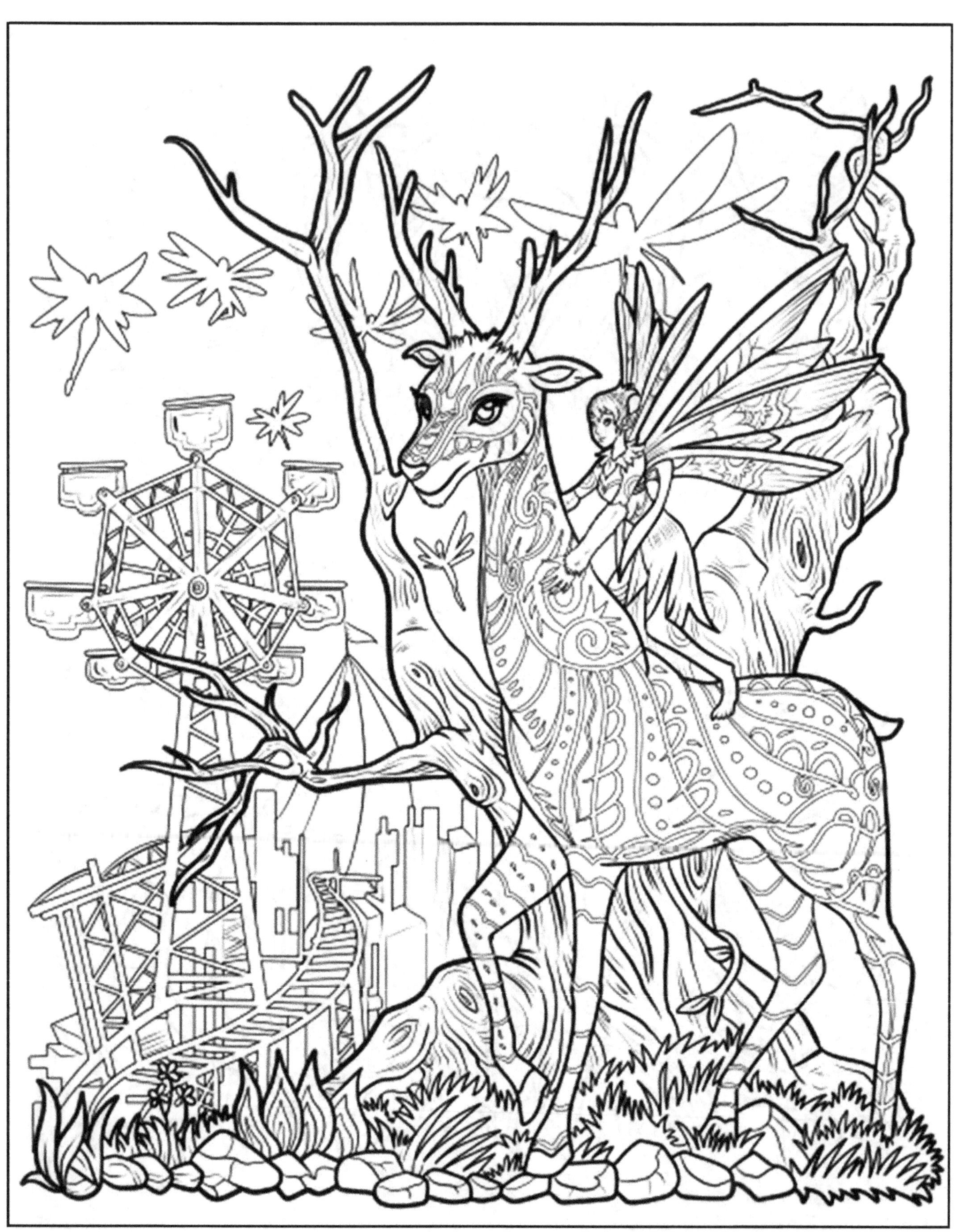

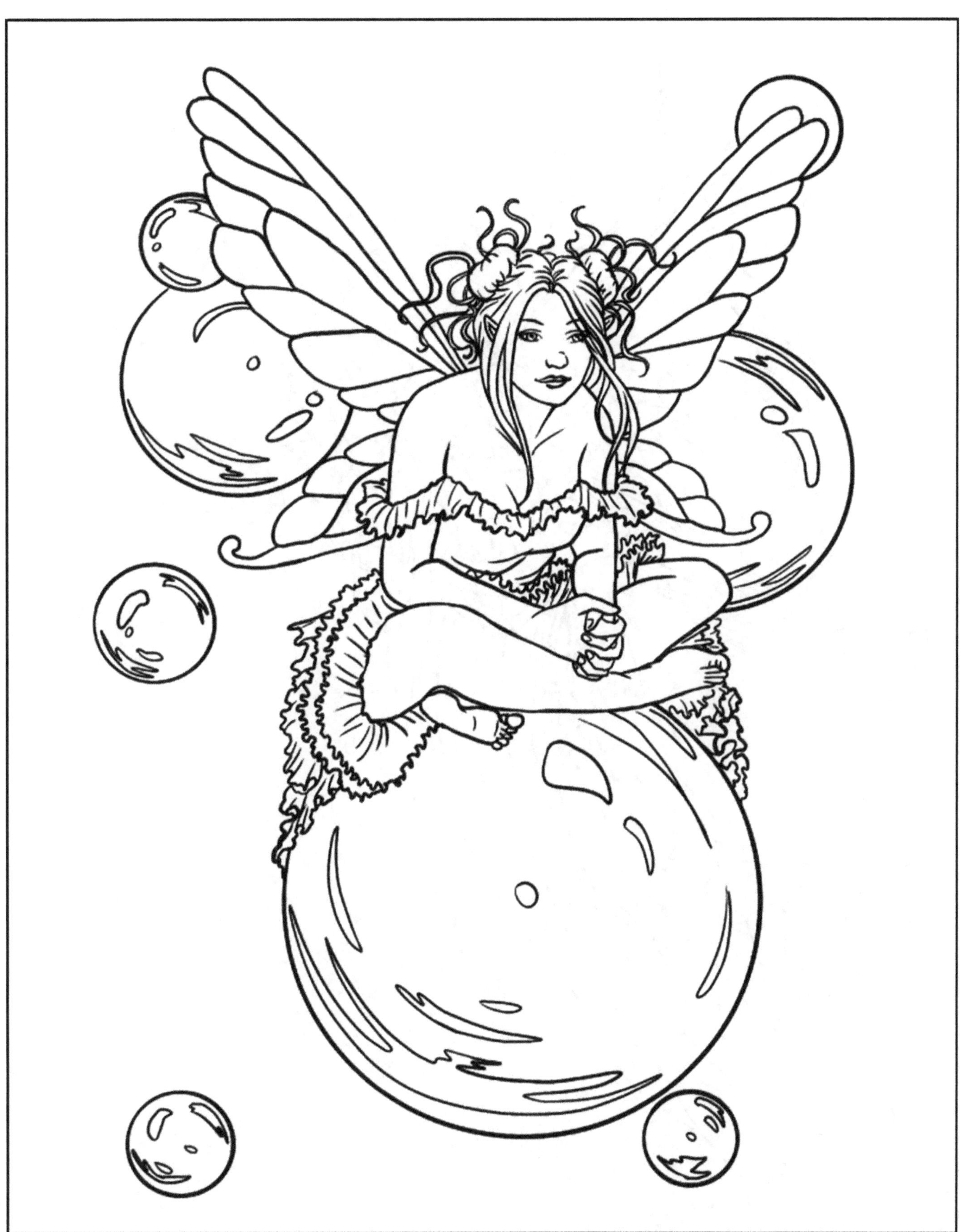

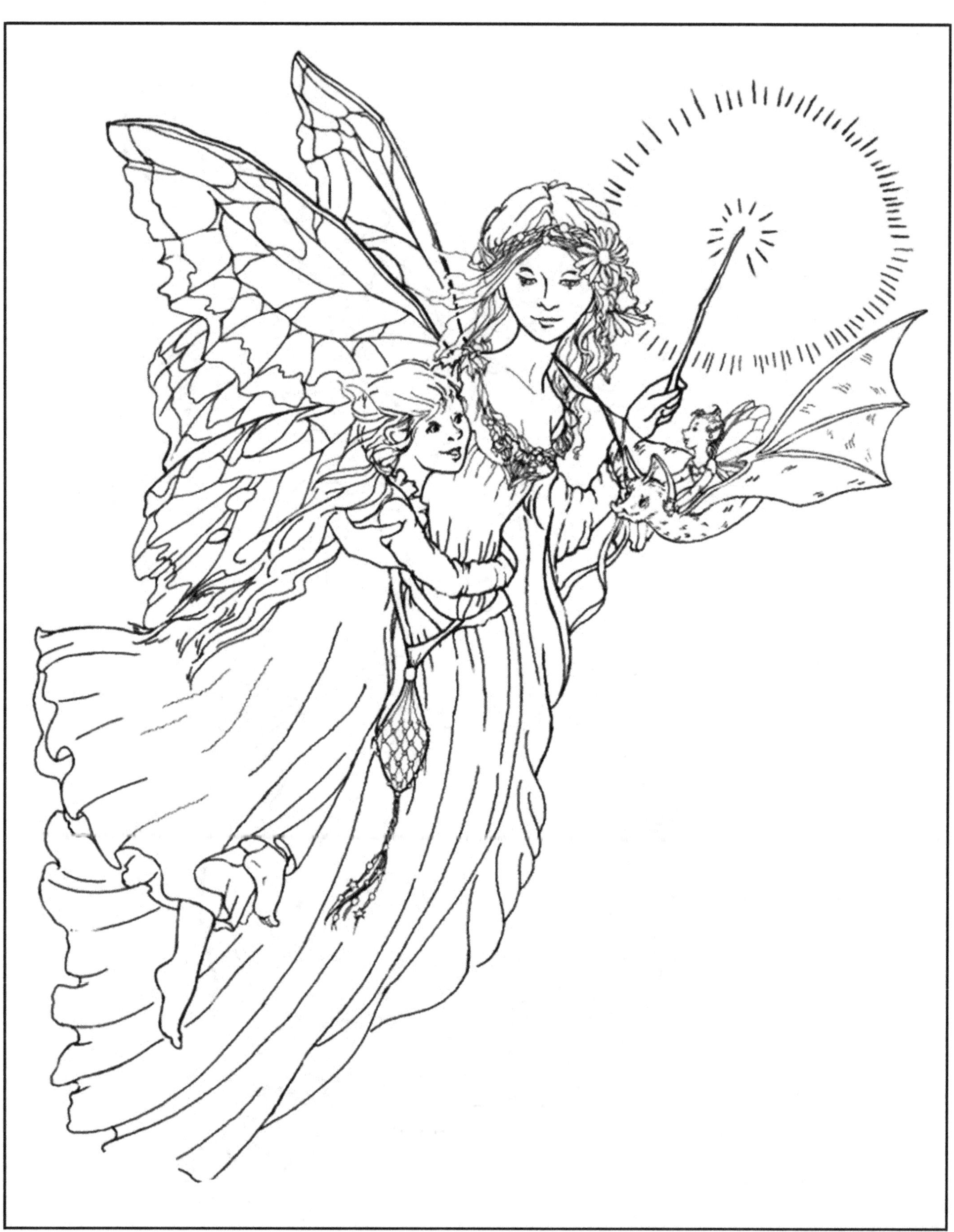

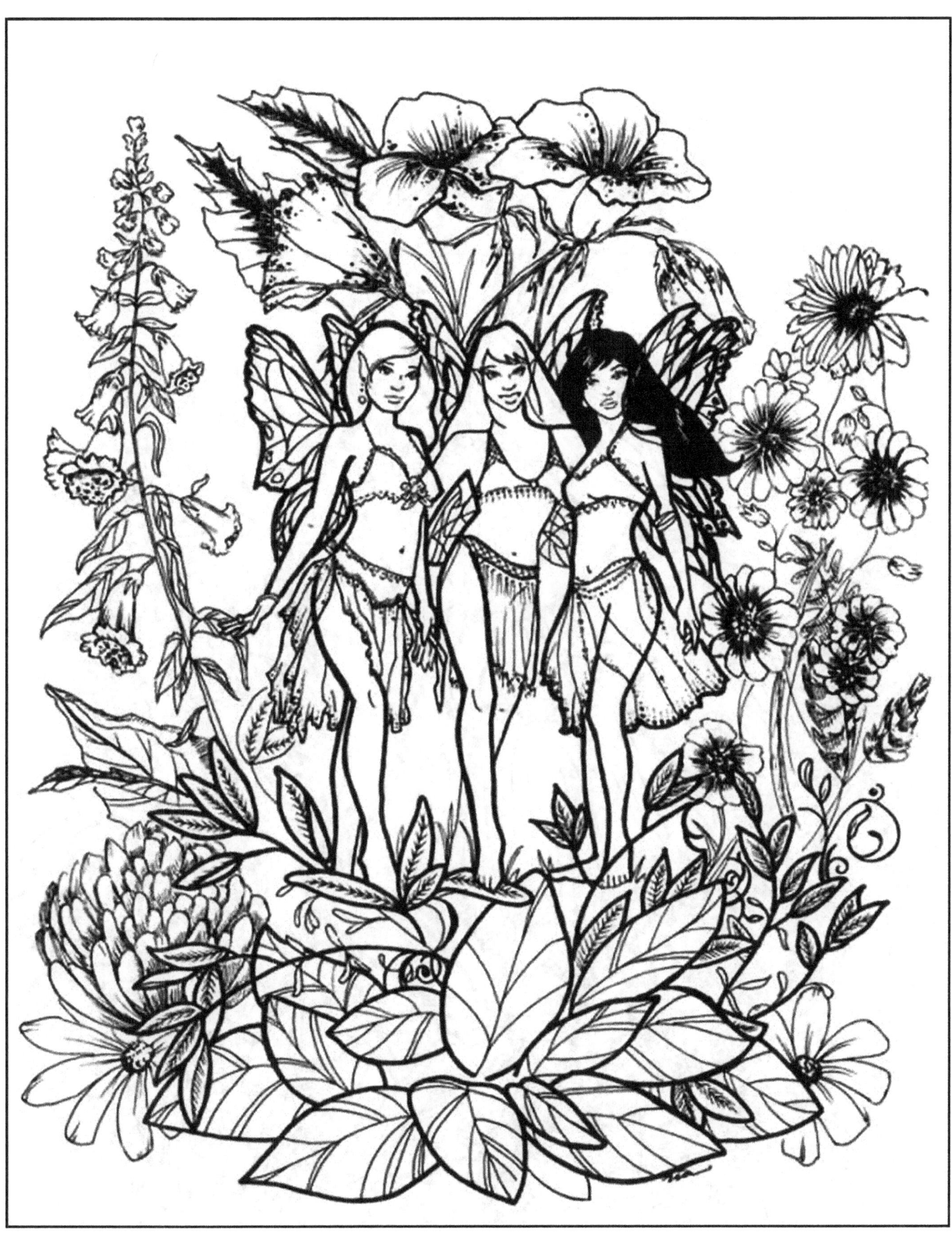

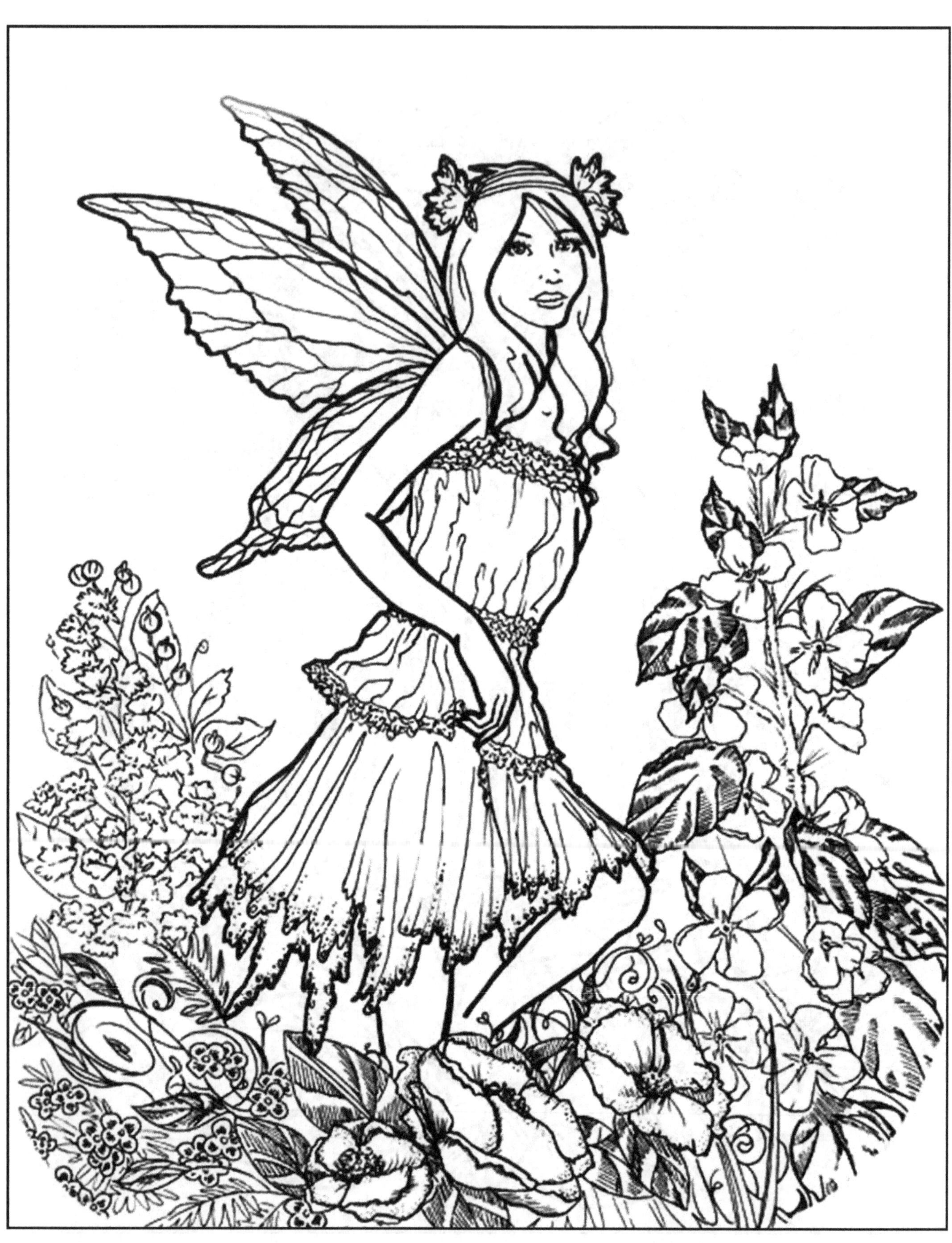

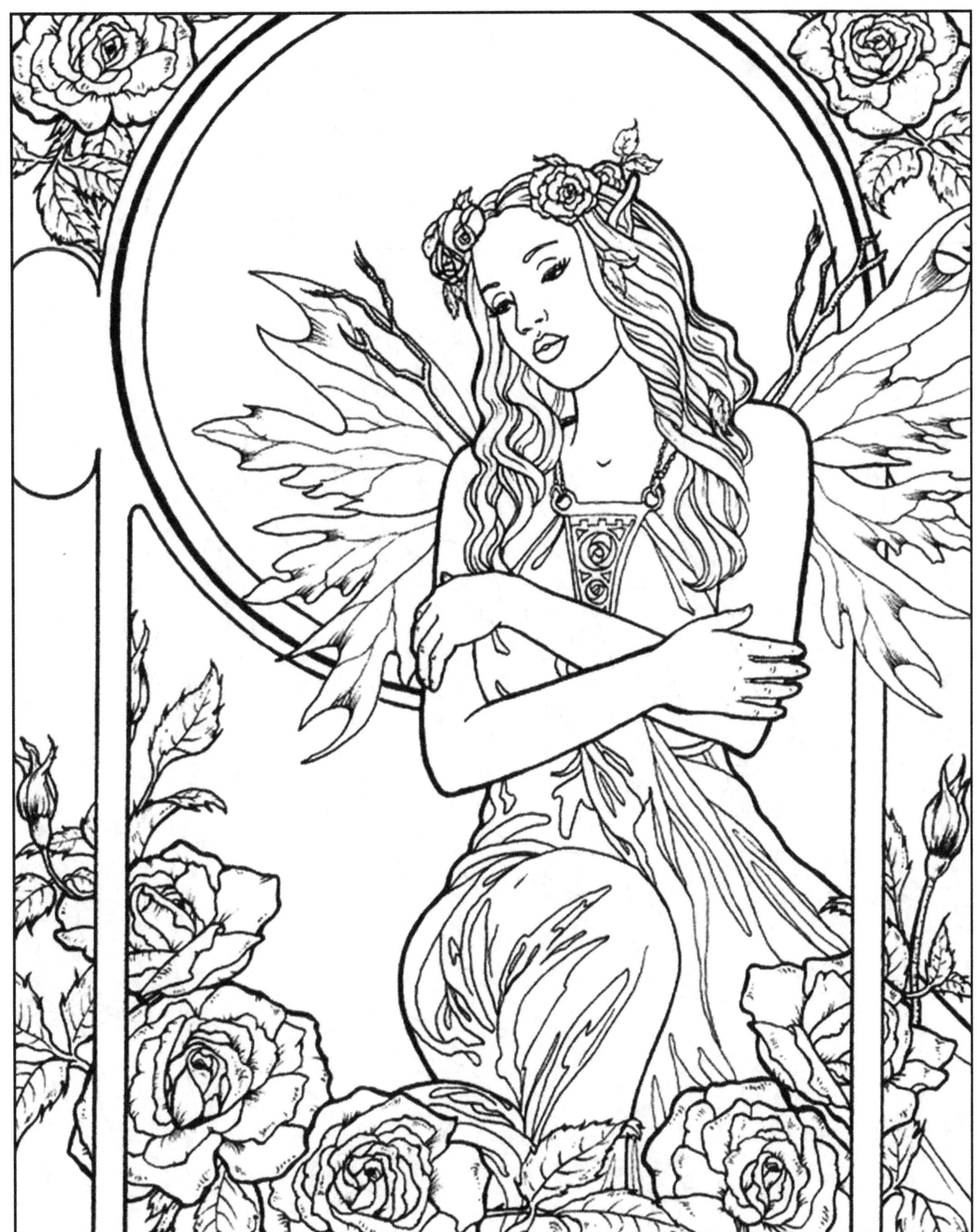

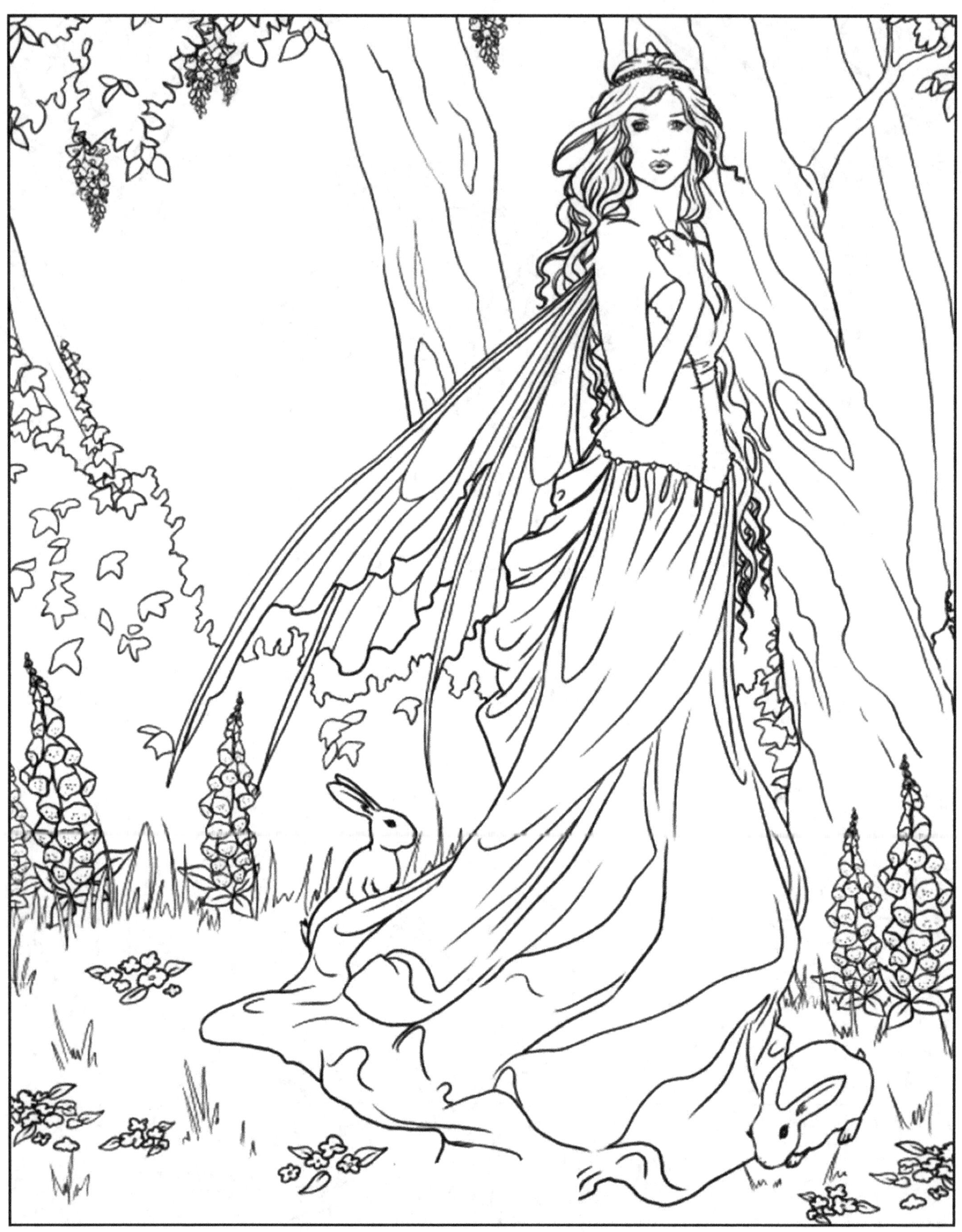

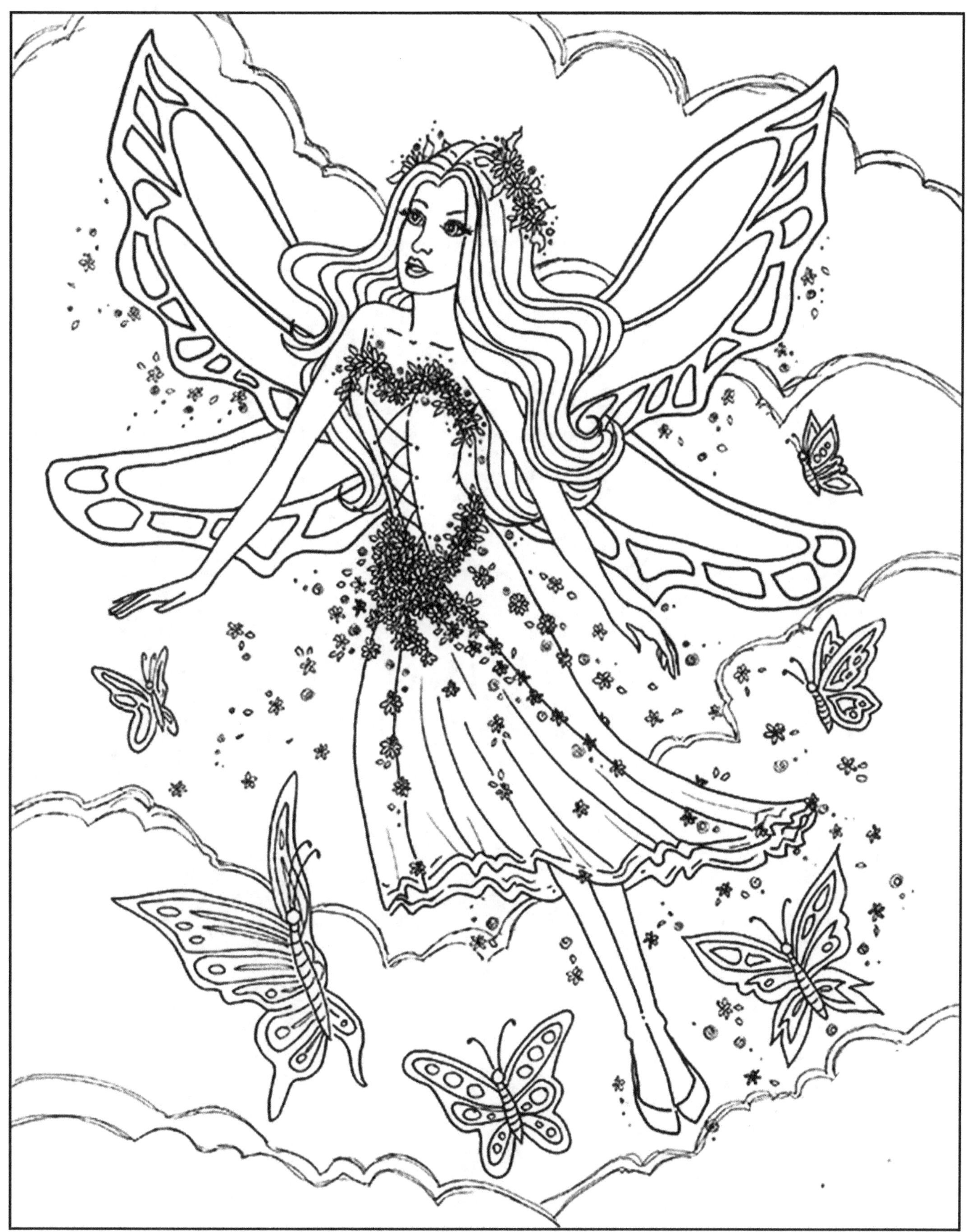

www.ingramcontent.com/pod-product-compliance
Lightning Source LLC
Chambersburg PA
CBHW080314030726
47593CB00009B/2742